超空海伝

宇宙の真理が変わるとき

川田 薫
山内尚子

まえがき
『クリーニングの真実』での予言

山内 尚子

本書は、私にとってかけがえのない「お師匠さん」である川田薫先生との2冊目の共著となります。会話だけで成り立っている本書は、前著『クリーニングの真実』をお読みくださった皆さまにとっては、かなり読みやすく感じられるのではないかと思います。ぜひ、ご一緒にカフェにいるようなお気持ちで、お楽しみいただけましたら幸いです。

さて、『クリーニングの真実』では、本来ならばあとがきをお書きいただかなければならない川田先生から、「まえがきを書きましょう」とご連絡をいただいて、たしかに本の構成としてはそれでぴったりの内容だったのだけれど、私としては恐縮するばかりだったことをいまでもよく覚えています。

本書を編むにあたり、そのまえがきを再読していたところ、その中にこんなフレーズを見つけました。

「そんな光り輝く尚子さんですが、眼《まなこ》の奥と頬の一部には、かすかに悲しみと不安を残しています。今このときにも魂を磨くことを自らに課しているのでしょう」

この言葉たちが目に飛び込んできた途端、私はまるでタイムスリップしたかのように、このまえがきの原稿をいただいた時のことをありありと思い出していました。

洗面台に立つ度に、鏡をのぞき込んでは「一体どういうことなんだろう」と思ってはいたのですが、当時の私は悲しみと不安の正体を知ることが怖かったのでしょう。自分でその解を見つけることなく、先生にその真意を問うこともないまま、いまこの時に至っているのです。

ところが、本書の中で語られていくとおり、この後私は何度か生命の危機に見舞われることになりました。自分という生命そのものと私をいまここに存在させてくれている多くの存在たち、そして、それをまた大きく包み込む魂の故郷……それらを見つめていく稀有な体験の中で、私は思いがけずその正体を突き止めることになったのです。

私の眼の奥にあった不安とは、自信のなさでした。
私は誰よりも大切な私自身を、信じることができていなかったのです。

川田先生は、それゆえ遠くなく私にやってくるであろう大きな苦難や悲しみに、すでに気づいていらっしゃったのだろうと思います。でも、口で伝えて頭で理解しても、それは本当の意味で分かったとは言えません。私が自分でそのことに気づくその時まで、分かっていても、ただ見守るしかないのです。

一つずつの魂をもって分かたれた存在として同じ三次元で生きるということは、それほどに厳しい世界だということです。なんと歯がゆかったことでしょう。

その一文は、それをしっかりと認識されていながら、それでもどうぞいつか気づきますようにと、ほんの少しヒントをくださるものでした。その見返りを求めない無条件の愛に気づいた時、涙があふれて止まりませんでした。

本書には、一つひとつの事柄で一冊本が書けるほどの解説を要することが、さらりと数行で書かれています。見えない世界の話題には、見える世界以上に様々な見解がありますから、違うと感じられるところもあることでしょう。

もしもあなたの中に、分からない、違和感がある、どんなかたちであれ疑問が湧いてきたならば、その時には思考での理解を外に求めるのではなく、ぜひ、心と魂を開いたご自身との対話の中で真実の答えを導き出していただければと思います。

そして、自分を信じ、行動していただきたいのです。

三次元の地球は行動の星です。考えているだけでは地球は何も変わらない。どんな小さなことでも愛をもって行動していくことこそが、新生地球へと向かう確かな一歩となるのです。いま大いなるエネルギー体となって私たちを応援してくださっている空海さまの願いも、その一点に尽きると思います。

本書が多くの皆さまとご一緒に新生地球を創り、楽しく歩んでいける一助ともなることを心からお祈りします。

これまでいただいた多くのご縁、大切なお一人ずつに感謝いたします。

そして、大切なお師匠さんである川田薫先生。

この不肖の弟子をただの一度も見捨てることなく、遠くから近くから愛をもってここまで導き続けてくださったこと、この時代をともに生き、そして本書を創らせていただけたことに、魂の底から感謝いたします。

2017年4月11日

満開の桜を照らす満月の下で

山内　尚子

もくじ

第2章

宇宙の根源との一体化

第3章　空海の思いを受け継ぐ

第4章 宇宙の真理が変わるとき

プロローグ

色づき始めた銀杏並木が美しく見える秋の日のカフェ。
美味しそうにサンドイッチをほおばる
本書の編集を担当するなおちゃん、
つまり私の様子を眺めながら、
科学者の川田薫先生がニッコリほほ笑んでいます。
親子ほど、いえそれ以上に年の離れた二人が
大笑いしたかと思ったら急にひそひそ声になったり、
お話は尽きることがないようで、
本当に楽しそうです。

川田　なおちゃん、元気になって本当によかったですねえ。

尚子　はい、その節はご心配をおかけしました。
　実は、私はその日のちょうど一年ほど前に急性過出血のために救急搬送されて、一時は生死をさまようほどの事態に陥ったのです。

川田　それにしても、こうして一緒にいると、二人で『クリーニングの真実』を書いていた頃や、はせくらみゆきさんともご一緒して高野山で夜中まで語り合ったり、『新生地球の歩き方』を著した頃からは想像もできないくらい、まったくの別人になったことがよく分かりますね。

尚子　そうですか？　自分ではまったく分かりませんけれど……。でも、これでやっと川田先生のご本のお手伝いができるなというのは感じています。
　体調を崩しがちになった頃に、「なおちゃんが体調良くなるまでは、なおちゃんに本は頼みません！」と先生から宣言されてしょんぼりしていたのですが、これだけ元気になったのですから、もう大丈夫ですよね。

川田　まったく大丈夫ですね。エネルギーの量もそうだけれども、質がまったく違うのが分かります。ものすごい体験をされたんでしょうね。感じることも変わったでしょう？

尚子　そんなに褒めていただくとこそばゆいです。でも素直に嬉しいです。ありがとうございます。

　生死をさまよっている時にいろんなことを体感して、そこで自分がこれからやることがある程度分かったように思います。だから、これからはそれを怖がらずに自信を持って楽しくやっていこうと思っているんです。もちろん、良いご本を創って皆さまにお届けしていくというお仕事は今までと変わりないことなのですが、捉え方とか取り組み方がまったく変わったという感じでしょうか。

川田　すごいなあ。「魂の願い」が分かったというわけですね。じゃあ、ちょっとひとつ提案があるんですが、その体験をこの本の中で教えてくれませんか？

尚子　えっ?!　でも、今回のご本は先生がご講演されているまだ世に出ていない「知られざる空海」のお話や、いま研究されている常温超電導をはじめとした新技術の世界をまとめさせていただくということだったと思うのですが……。

川田　そうでしたかね。でも、これは絶対に多くの方に伝えないといけないことだし、それになおちゃんはすでに空海とも対話できているようだから、その話にもちゃんとつながっていきますよ。だから、その話を一緒にしましょう。

これまでの流れの集大成になりますね。楽しいことになってきましたよ。実にワクワクしますねえ。

したり顔の川田先生のお顔を見ながら、私は内心「これは困ったことになったなあ」と思っていました。たしかに川田先生にお会いする数日前に、私は空海さまからあるメッセージをいただいていたように感じていたのです。

でも、そのことをお話しする前に「なおちゃんは空海と対話している」とおっしゃる川田先生はやっぱりなんでもお見通しで、だとすると、このご提案に従ってみるしか選択肢はないようです。そして、それより何より、私の体験がどんなふうに空海さまとつながっていくのか、私自身が知りたくて仕方なくなってしまったのです。

こうして、川田先生と私、さらに空海さまも交えた不思議なおしゃべりがはじまりました。お話はやがて時空を駆け巡り、地球から宇宙にまで飛び出して、いままでの常識では考えられないどころか、見たことも聞いたこともないような展開になっていきます。

もしかすると、本書を読み進めるうちに、あなたにも時空を超えた不思議なシンクロニシティが起こってくるかもしれません。

どうぞ心の準備を整え、しっかりと深呼吸して……。

さあ、それではご一緒に時空を超えた新しい世界への冒険に出かけましょう。

第1章

時空を超え空海と出逢う

◆偉大なる空海

お話を始めていく前に、本書の全編にわたって登場する弘法大師空海について、そしてなぜ世界で初めて生命誕生実験を成功させたことで知られる科学者川田薫先生が、ここまで空海のことをリスペクトされているのかということを、２０１３年に発刊された川田先生と私、山内尚子の共著『クリーニングの真実』のコラム「偉大なる空海」（川田薫）を再掲する形で、ご紹介させていただきたいと思います。

■出逢い

今から約10年ほど前、ちょうど私が古希を迎えた頃になります。科学者として様々な成果をあげていく中ですっかり傲慢になっていた私を、愕然とさせる出来事がありました。ここまで何度かにわたって述べてきた、「真言密教」「空海」との出逢いです。空海は、ご承知のとおり中国から真言密教をもたらした真言宗の開祖です。

当時、科学の矛盾や限界を痛感していた私は、まず私自身が、素直に科学のもつ欠陥を認めて向き合い、別の分野からも学んでいかなければならない、学びたいと考え、高野山大学で生まれて初めての仏教、真言密教に触れることになりました。

実は、学ぶ対象として仏教の世界を選択したのは、まったくの偶然だったのですが、今思えば、生命誕生の研究の歴史のなかで、宗教は切っても切れない関係にあります。無理やりにここから離れることで、今の科学の体系はできたのです。また、何を見るにしても、現代科学は西洋の考え方に立脚しがちですが、それを私たち日本人の考え方、視点に置き換えるという意味でも、真言密教、密教哲学の学びは、私にとって大きな意味を持ちました。

空海の真の業績

人は空海を天才とか偉人と評しますが、空海の偉大さは真言宗の開祖として、また書家、文人としての皆さんがよくご存知の業績にあるのではありません。空海の真の業績は、三蜜瑜伽《さんみつゆが》（仏の身体を指を使い印を結ぶことで表わし（身）、真言を唱え（口）、そこに意識を運ぶこと（意）によって自身を仏と一致させること。瞑想の一種ともいえる）の状態で、人類共通の偉大な思想に到達し、それを展開したことにあるのではないかと私は考えています。

実は、日本における過去の偉大な僧侶の中で、自分の思想を展開し発展させた人物は、空海と道元禅師の二人くらいしかいません。他の有名な僧侶はインドや中国で確立された経典を自宗の中に取り入れて、それを解説ないしは解釈したに過ぎないのです。

仏教は、釈迦によって展開した小乗仏教と、それを大衆のものへと発展させた大乗仏教があり、このうち日本に伝えられた仏教はすべてが大乗仏教です。大乗仏教の後半には密教が花開きますが、13世紀になるとインドでの仏教は完全に消滅してしまいます。

空海が中国から持ち帰った密教は、7～8世紀にインドで発展した中期のものでした。この密教を日本人に受け入れられるように、これまで日本にあった大乗仏教を鳥瞰し、密教と比較検討しながら独自の密教に展開しなおしたのが真言密教です。

真言密教を学ぶときの入り口として、『弁顕密二教論』という論書があります。そこで空海は大乗仏教の経典を示しながら、密教の優位性を具体的に展開し、従来の経典の浅い理解では仏は理解できませんよ、言葉の奥に深い意味が隠されているのですよ、と言葉の持つ二重性について徹底的に追求していくのです。

空海の思想

空海は三蜜瑜伽の状態から法身という仏そのものを語っていきます。それが空海の代表作『即身成仏義』です。

『即身成仏義』の中には「六大」という概念が出てきます。すべての宇宙の成り立ちは、五大から成っていて、そこに識大《しきだい》が入り、五大と一体不離の状態になること、これを六大というのです。

五大というのは、大地の地、水、火、それから風とは大気のこと、空とは空間です。すべての存在物は、この五つから成り立っていて、それに識大が入るということです。識大というのは意識のことです。人間の想い、あるいは宇宙の想い、自然の想いです。

私は、自分のやってきた実験とこの概念との整合性、そして、空海がこのことをなんと1200年も前に、おそらく世界で初めて表現していたという事実に愕然としました。しかも、それだけではなく空海は、「私はみんなを諭すために生きている存在ではない。私自身も皆と同じように修行しているのですよ」とも言っています。では自分が修行してどういうことが分かるのかということは『秘密曼荼羅十住心論《ひみつまんだらじゅうじゅうしんろん》』という書物に書いてあります。かなり難しい内容ですが、特別な書店に行けば、手に入ると思います。

空海は、それまでの何ごとも否定的に捉えてきた大乗仏教を、ことごとく肯定的に捉え返すのです。たとえば、私たちは煩悩にまみれていますから、その煩悩を否定せよと仏教では言い続けます。しかし、煩悩はそう簡単には否定できません。だから私たちは悩むのです。

これを空海は、煩悩は誰にでもあるものですから、否定するのではなくそのまま認めましょうと言います。煩悩は心を曇らせるので、その曇りを取るようにすればいいですよ、そして曇りを取るとそこに仏様がいるのですよ、と言うのです。つまり、皆の心の中には仏様が一緒に住んでいる、しかし、それが煩悩で絶えず隠されているのでそれを取り払うようにしましょう、その取る方法に真言密教があると言っているわけです。

あらゆる欲望も仏の位だといいます。ですから、欲望に執着したり虜になるのではなく、欲を極めつくした時に、仏そのものに転化する自分が出てくる。そうすると、もう欲の虜になることはないという。こうして、否定から肯定に思いを転換した時に素晴らしい世界が開けてきますよ、と空海は言い続けました。

そして、究極的に私たち人間は、この身このままで仏になれる、死んでからではないと「即身成仏」を説いたのです。

この一大思想は、本書で述べている魂の浄化、クリーニングそのものです。現代の欧米諸国が国家の形態となる以前、いえ、その萌芽以前の時代にすでに完成していたのです。

■空海が残した高野山

高野山は空海が残してくれた素晴らしい空間です。１２００年前に空海が弟子たちと共にここで修行された、その息吹が今も残っています。

空海は何時頃からか、自分だけではなく多くの弟子たちと共に、そこに座れば自分と同じ境地になれる空間、場所を求めていたようです。

ご承知のとおり、空海は若かりし頃、山林修行に明け暮れていましたが、これは自分を見つめるためだけではありませんでした。山々にある、仏像に欠かせない貴金属やその製錬に必須の水銀、人々の苦しみや病を癒す薬草や薬石、心を開放する空間など、さまざまなものを開拓していった形跡が多くあるのです。

しかし、その貴重な証拠はことごとく残されていません。そのため、歴史的証拠に裏打ちされた空海像は極めて限定されたものになっています。また、たとえ確実な証拠をつなぎ合わせたとしても、現代の私たちの認識や感覚で捉えるために、真の空海に迫ることは極めて困難な状態にあります。

たとえば、空海が取り組んだ山林修行を考える時、20～30キログラム程の荷物を持ち、山々を猿以上の速さで移動している姿をイメージできる人はおそらくいないでしょう。それは私たちには、人にそのような敏捷性があると考えることができないからです。

何ごともそうですが、自分の常識の中で物事を考えていては、真実の姿は見えてこないものです。現在の私たちの常識で当時の人を考えるのではなく、当時の山林修行者に焦点を当てて考えると意外な面が出てくるのです。

空海が真言密教修行の道場として、なぜ高野山を選んだのかということは、意外に知られていません。空海の心の露呈したものが残されていないために分からないということになるのですが、当時の空海に焦点をあてながら高野山を散策していると、空海の心が見えてきます。

空海は幾多の山林修行の中で、山々の特徴をしっかりと抑えていました。現在でもエネルギースポットなどと言われているような、自然と一体化できる厳しい修行の場はいくつもありますが、大勢の人たちが修行できるとなると、かなり限定されます。

そんな中で、修行した際に自分と同じ境地になれる、しかも、かなりの人数になっても対応できる場所、それが高野山だったのです。高野山に入ると、そこここにエネルギーの高い場所があり、その証拠に杉が右、左と回転したエネルギーの過流が林立しています。そういった木々の中心に立つと、雑念は瞬時に消え、心清しく時のたつのも忘れるほどです。空海はただ座れば自分と同じ境地に立てる場を、こうして提供していたのです。

ただ、散策していて気になるのは、建物の立派さなどには関係なく、場所によってはエネルギー的にまったく普通の場所も点在するということです。おそらく空海がいた当時は、高野山全体が変化に富んだ豊かなエネルギー場であったはずです。現代の社会風土によって著しく歪められたのかもしれません。心しなければならないことです。

現在の建物だけに注目したり文献に依存している限り、空海がどうして高野山を開いたのかその真意を汲み取ることは極めて困難だと思います。高野山の自然の中に空海が求めてやまなかった場が、今もはっきりとその姿を残してくれていることに、万感の想いをもって感謝したいと思います。

現在の思想

こうして、ご自分の境地を遥かに超越した御心で、万人の幸せを実現するための空間を今日に至るまで残してくれた空海は、実は現在は人類の師として活躍中です。信じられないかもしれませんが、皆さん一人ひとりがクリーニングを続けていくと、意識は時空を超えて、空海との会話も可能になる、ということが実現してくるのです。すでに、実際に対話をしている方が何人もおられます。

近いうちにこうした方々で協力して、史実とは違う「知られざる空海」像に迫ってみたいと考えています。私たちの心に刻まれる新しい歴史からは、おそらく宇宙にそのままつながる世界が垣間見えてくるのでしょう。

川田先生はこの後数年にわたって、科学者としての研究を続けながら、協力者の皆さまとともに「知られざる空海」を探求され、ご講演などを通じてその全容をお伝えしてこられました。

そしてこの日、先生は講演会ではお話ししきれなかったことも含めて、その集大成とも言える気づきのすべてをあますところなくお伝えくださったのです。

それでは予習はこのくらいにして、いよいよお話を始めていくことにしましょう。

◆いまの空海を伝える

尚子　先ほど先生は、私が空海さまと対話できているようだとおっしゃいましたよね。実は私、何日か前に空海さまからメッセージをいただいた気がして、それで先生にお会いしたいとお電話を差し上げたんです。

川田　そうでしょうね。どんなメッセージでしたか?

尚子　私が倒れたのは2015年9月の半ば過ぎだったのですが、救急搬送された病院でも出血がまったく止まらなくて、途中から意識を失ってしまったんですね。夢の中で「私は死ぬんだな」と直感した時に見えた世界があるのですが、その世界の様子や仕組みをみんながちゃんと解ると、みんなが空海さまや見えない存在と対話できたり、さらには空海さまと同じような感覚になれるそうなんです。

たくさんの人がそうなる時代がきているので、それを教えてあげるといいよということがまずひとつです。

川田　なるほどね。先ほど私が言った通りじゃないですか。

尚子　はい。内心ものすごくびっくりしていました（笑）。

そしてもうひとつは、空海さまはご自身が１２００年ほど前に生きていた時のことを正確に伝えてほしいとは望んでいらっしゃらないということです。「それはもういい」と言われた気がしたんです。漠然とですが、それはもう過去の話だからなのなあと思いました。

川田　まさに、そのとおりです。私もそれで叱られたんですよ。ある時に「私の出自を云々して何になるんだ！」とね。そこで気づいたのは、私は空海に断らずに協力者の方たちと一緒に色々な存在と対話したりして調べたり、それを皆さんにお話ししたりしていたということです。だから叱られたんですね。

それで、「ごめんなさい。人間というのはあなたのような方の生き様を掘り起こすことによって、自分たちの生き様を変えていくことができるのです。だからやらせてください」と一生懸命お願いしました。そうすると、返事がなかったんですね。それで、いいんだなと解釈したんです（笑）。

尚子 空海さまとしては、「そこまで言うなら好きにしなさい」ということでしょうか。でも、先生のおっしゃることはすごくよく分かります。本というのはまさにそういう役割で、その情報が正しいかどうかということよりも、むしろそこに感じられる様々な真実や本質に接することで、人生や生き方がぐっと変わることがあると思うんですね。

きっと先生がお話しくださる空海さまと皆さまが時空を超えて出逢える瞬間があって、そこから意識が変容する場合があるんだと思います。伝記のように一生を追いかける形なら全体を俯瞰して見られるから、そういう側面では空海さまの一生を追いかける意味もあったのかもしれません。

川田 そのとおりですね。でも、そうやって空海の一生を追いかけてきて、原稿もずっと書いていたんですが、もう自分で新たに書くつもりはなくて、必要な方にお話しして終わろうと思っています。

尚子　『新生地球の歩き方』を創るために、ミラクルアーティストのはせくらみゆきさんと3人で高野山にご一緒した2012年頃から「知られざる空海」と題して原稿を書かれているとお聞きしていました。

私は体調が完全に良くならないからお手伝いできないけれど、どんなご本になるんだろうとワクワクしていたのですが、結局ここまでご本にはなりませんでしたね。

川田　色々ありましたが、どうしても実現しなかったんです。こうしてなおちゃんのお話を聞いていると、なおちゃんが創れるような状態になるということが大切だったようですね。それで、空海の意向としてはどういった本にすればいいのでしょうね。

尚子　時系列で並べたり、関係者の名前や功績などの細かいことを載せても、あまり意味がないんだろうと思います。

思い返してみると、『いのちのエネルギー』から始まって『生命誕生の真実』『クリーニングの真実』『新生地球の歩き方』という流れで、時には私も著者の一人という形を取りながら川田先生の表現のお手伝いをさせていただいてきた中で、魂のクリーニングが進み、空海さまのことが徐々に明らかになり、生意気を言いますがそれに伴って先生も大きく変化されてきたように思います。それから、私もそんな先生をお師匠さんと勝手に思って（笑）、ちょっとずつですが学びを深めさせていただいてきました。

そんな先生と私の学びや感じたことを中心にお話ししながら、必要なところで空海さまはどんな場面で何を学んでどう考え、どう行動されたか、そして私たちはそれをどういうふうに生活の中に活かしていけばいいのかということをまとめさせていただけるといいのかなと思います。

それと、少し話が逸れるかもしれませんが、昨年ある原稿を編集させていただいていた時に、宗教全体を超えていかないと本当の統合社会は到来しないという話が出てきたんですね。今の宗教は人を教義や戒律といったもので縛る傾向があるということだったのですが、それを考えた時にふと、いまの空海さまも全然そんなことは望んでいらっしゃらないなあと思って。

空海さまは宗教者というふうに捉えられている方が多いと思うのですが、それが違うんだということをすごく感じて、当時の空海さまの本質的なお姿、さらにはいまの空海さまの状況や想いというのでしょうか。そのあたりも教えていただけると嬉しいです。

川田　お見事ですね。つまり空海は、過去に到達した叡智にとどまらず、いまの状態についても伝えなさいと言っているということですね。

◆時空を超えた魂の対話

尚子　川田先生が空海さまのことを初めてしっかりとまとまった文章でご紹介くださったのは、『クリーニングの真実』に収録されているコラム「偉大なる空海」だったのではないかと思います。

これを読者の皆さまにもぜひお読みいただこうと思うのですが、その最後に「史実とは違う「知られざる空海」像に迫ってみたい」とあるのですが、そもそもどうしてそのように思われたのでしょうか。

川田　空海が歴史上に出てきてからの偉人ぶりというのは、それはもう想像を絶するもので、一般の人は「お大師さん」というふうに身近に感じられるかもしれませんが、学者であればあるほど歯が立たない、求めれば求めるほど遠ざかっていく存在、それが空海なのではないかと思います。驚愕すると同時に、同じ人間として悔しいわけです。

ところが、空海はなぜ、そしてどうやってあれほどの偉業を成したのかを知ろうとしても、その偉人になる前の状況というのは全く分かりませんでした。空海伝のようなものはたくさんありますが、その歴史から消えている部分はどうしても埋まらない、どんなに研究しても埋めることができなかったんです。

なぜかというと、表に出て来ていなかった時期というのは、資料がないからだということなのですが、それは当たり前ですよね。なにが当たり前かというと、たとえば私たちのような平凡な人間一人ひとりが歴史上の存在として語られるということはあり得ないわけです。

やっぱり社会的にかなりの功績を残した人の、しかもその時期のことでないと後々まで語られるということはないでしょう。そういうことから考えると、空海が歴史から消えていた時期が長いというのは、むしろ当然のことなのです。

尚子　それで、その歴史から消えている部分を、当時の空海さまや空海さまとご縁のある人たちとの時空を超えた対話によって知ろうとしたということですね。

川田　はい。「対話って、なんだそれ？」と、読者の皆さんはおっしゃるかもしれませんね。私たち一人ひとりの人間というのは、それぞれの体に魂という生命エネルギーが入って一体不可分になった状態です。その状態から、役割を終えると一生が終わって、もとの世界へと帰っていくわけです。体は置いて、中の生命エネルギーだけが体から外れて帰っていきます。これが死ですね。

そして、その生命エネルギーというものは意思と意識を持っています。「エネルギーに意思と意識があるなんて、そんなむちゃくちゃな！」と思われるかもしれませんが、実は全く別のところで実験をして確認していますので、とりあえずそのままそういうものだと思って受けとめていただければありがたいですね。

尚子　実験については『いのちのエネルギー』や『生命誕生の真実』をお読みいただければと思いますが、「生命エネルギー」を「魂」と置き換えれば、いまでは多くの方がなんとなくそのことは前提として理解してくださっているように思います。

川田　そうですか。やはり、時代の変化とともに皆さんの捉え方もずいぶん変わってきているのでしょうね。ありがたいことです。科学の世界で「魂」などという表現をすると途端に弾かれてしまいますから、「生命エネルギー」という言い方をしているのですが、同じことですね。ちなみに空海は「識大」というふうに表現しています。

それではそのまま話を進めますと、人間というのはそういう状態なものですから、死んだ後というのは、身体はなくなってしまうのですが生命エネルギーは不滅なのです。エネルギー保存の法則というものがあるくらいですから、姿は変わってもエネルギーそのものが消えていくということはあり得ません。しかも、そのエネルギーに意思と意識があるならば、私たちも同じエネルギーを持っているのですから、当然エネルギー同士で対話ができるということになるのです。

尚子　たぶん私が倒れて意識を失った時というのは、その生命エネルギーが身体から離れかけた状態だったのだろうと思います。

そんな経験があったから、空海さまのメッセージを感じられたのかもしれませんね。それにしても、戻ってこられて本当に良かったです。

川田　必要だから戻ってこられたのでしょうが、空海からのメッセージを携えて戻ってくるなんて、伊達に大病されていませんね（笑）。
なおちゃんのような大病である必要はありませんが、やはり対話できる方たちというのは、何かのきっかけでいったんそういった幽体離脱のような体験をされて、その方法を体得されたという方がほとんどのように思います。

尚子　身体から離れたほうが、エネルギー同士の交流がしやすいのかもしれませんね。体のないエネルギーとのチャンネルの合わせ方が分かるようになるという感じでしょうか。

◆空海の出自の秘密

尚子　それで、対話していくことによってどんなことが分かったのでしょう？

川田　徐々にいろんなことが分かっていったのですが、まず空海はどこで生まれたのかを調べることから始めました。普通は四国だと言われていますが、本当にそうなのでしょうか。

多くの方はお父さんである佐伯直の出身の佐伯家を調べます。佐伯家はいまの香川県の善通寺付近の豪族として権力を持っていましたから、空海は四国出身だとなっているわけです。しかし、調べれば調べるほど四国の田舎の豪族にしてはあまりにも佐伯家の冠位が高すぎる。冠位はお金で買ったに違いないという方もおられますが、それもあくまでも想像の話です。

どこで生まれたかということを知るためには、お父さんの佐伯家ばかりを見ていてもつかめないと思い、空海のお母さんの玉依姫《たまよりひめ》という人は阿刀《あと》という姓なのですが、この阿刀家のほうの先祖に遡っていくことにしました。すると非常に古くて、天武天皇の舎人《とねり》（皇族や貴族に仕え警備や雑用などに従事していた者、またはその役職）だった阿刀智徳《あとのちとこ》という、有名な壬申の乱の時の状況を全部日記として残したようなすごい方に行きついたので、その智徳さんとの対話を試みてみました。

尚子　日本書紀にある壬申の乱の記述は、この日記によるところが大きいという説があるそうですね。そんな智徳さんと具体的にはどんなふうに対話するのですか？

川田　智徳はたしかに古い時代の方かもしれませんが、生命エネルギーは存在しているはずですから、「智徳さん、会いたい」と言えば、会えるはずです。ですから、心の耳を澄ませて「私はこういう存在です」「いま、こういうことを知りたいので教えてください」と、普通の人と同じように話しかければいい。そうすると言葉では返ってこないのですが、感覚で答えが分かります。

尚子　きっと対話をする時というのは、いわゆる変性意識の状態になっているのでしょうね。

川田　そうですね。空海のいうところの三蜜瑜伽の状態です。実はそういった状態になるのはそうたやすいことではなく、魂のクリーニングがかなり進んでいなければなりませんから、これまでの本でも再三述べてはいますが、このあたりのことについてもあらためて後ほどしっかりと深めたほうがよいでしょう。もしかすると、空海が良きところで知らせてくれるかもしれませんね。

話を戻して、このような対話を進めていくことで玉依姫、つまり空海のお母さんは、阿刀智徳から見ると曾孫だということが分かってきました。そして、さらに玉依姫ご本人や、お父さんである佐伯直さんとも対話を進めるうちに、佐伯直さんには3人の奥さんがいて、そのうち玉依姫は第二夫人であり、後に空海となる真魚《まお》一人しか産んでいないということも分かりました。

尚子　まさに「知られざる空海」ですね。

川田　本当に我ながら良い名前を付けたものだなと思って満足していたのですがね。これで話は終わらなくて、ここまでのことをちょっとした場で話していた時に、ものすごく不思議なことがあったんです。

なんと、最前列に空海のお母さんが出てきた。ちゃんと「私が空海の母です」と言うわけです。それで、「佐伯直がお父さんなんですよね?」と尋ねると「違う」と。「違います。真魚の父親は桓武天皇です」と、こう言うんです。

佐伯直は養父で、実父は桓武天皇です。これはものすごいショック、もう仰天しました。でも、これで全ての謎が解けるんです。空海の歴史の謎が、空海のお父さんが桓武天皇だということ、この一点が分かることで全部ひも解けます。

まず、佐伯直さんの冠位が非常に高かったということにも納得がいきますね。それから、四国で生まれたのではないということもはっきりわかります。桓武天皇がいた奈良です。奈良で桓武天皇と玉依姫の間に真魚という男の子が生まれる。宝亀4年、773年の11月27日夕方6時ごろのことです。「お腹を痛めているのですから、子供の生まれた日のことは忘れません」と言うのですが、そりゃあそうでしょうね。

尚子　私も一人息子が生まれてきてくれた日のことは、痛みもその分の喜びや感動も決して忘れないだろうと思います。なんだか、玉依姫がとても身近に感じられます。

そういえば、空海が生まれたのは四国ではないということについては、このことが分かってくる前にも川田先生からお聞きした気がするのですが……。

川田　高野山にいる研究仲間に、「空海はどこで生まれたのでしょうね」と聞くと、「四国ですよ」と平気で答えるんですね。たしかに、いまは男性中心の社会ですから、男性の家に女性が嫁いで、それで子供が生まれるのが当たり前ですね。だから、空海も父親である佐伯直さんがいる四国で生まれたに決まっているということなのでしょうが、実はこの時代はそういう社会ではないんです。

平安時代というのは、妻問婚《つまどいこん》というものが一般的でした。女性の家に男性が通うんです。それで、「一緒になってもいいですよ」という許可があったら部屋に入れる。いまと全然違うんです。女性のところに通って、子供が生まれたらそこで育てます。そして、ある程度成長してからお父さんのところに奥さんごと移動するんです。

これは、当時の資料をちょっと調べれば分かることです。もう定年退職された方ですが高野山大学の教員の中にお一人だけ、空海は四国の生まれではないらしいということを言われた方がいらっしゃいます。でも、それはあくまでも一つの説として出ているというだけであって、なかなか認められることはないようです。

特に四国の善通寺は、そんなこと言われたら困りますよね。お遍路もありますし、ここは空海の生まれた場所ですということで大々的に宣伝しているのですから。

尚子　学者さんにしてもその土地の方にしても、定説とか常識になってしまっていることが覆されるというのは、特に利害があることだと認めるのが難しいでしょうね。

目くじらを立てて争う必要はないと思いますが、私自身も含めていまある常識に囚われないようにしないといけないなとあらためて思います。

川田　まったくそのとおりですね。

◆瞑想の極意とクリーニング

川田　空海が若かりしころから晩年に至るまでずっと弟子に言い続けてきた言葉が一つあります。すべての弟子に「三密瑜伽を徹底してください」ということを言い続けるんです。三密瑜伽というのは真言密教の専門用語ですが、いまの言葉にすると、「瞑想してください」あるいは「座りなさい」ということになります。

僧侶としてちゃんと鍛えられた方たちというのは、当然座っているはずなのですけれども、どうも昔もいまもきちんと座っていない方が多いらしい。座っていれば、先ほどから言っているようなこともちゃんと分かるはずですからね。

尚子　形式だけになってしまって、本質が抜け落ちているということでしょうか。だとすると、「きちんと座る」「きちんと瞑想する」というのは、どういうふうな様子を言うのでしょう。

川田　瞑想の方法は様々ありますから自分に合った方法で良いと思いますが、知りたい課題をイメージしてから行います。そうして深く瞑想すれば、その知ろうと思っていたことが、あくまでも個人的な、主観的なものでありながら、その認識というのは客観性を超えて普遍的なものに変わる。そして、瞑想を終えて現実に戻った瞬間にそれがきちんと分かる。これが瞑想の本質、極意です。

ですから瞑想に入るときには、必ず筆記用具を横に置いてするのがよいですね。こういうことを知りたいというイメージをもって、課題を明確にしてから瞑想に入るんです。そうして深いところに入っていって我に返ったときに、その課題の本質がことごとく分かってきて、解が自動的に出てくるのです。

空海が分からないことがあったら「座りなさい」と繰り返し説いた意味は、そういうところにあったのだと思います。本来、高野山で修業を受けたような方、また真言密教と縁のある方たちというのは、そういう厳しい修行を積んでいるわけですから、いま言ったようなところがちゃんと認識できるはずです。でも未だにそういう話が出てこないということは、座っていない、あるいは座れていないということになりますね。これは非常に恥ずかしいことだと思います。

尚子　三密瑜伽というのは、具体的には「仏の身体を指を使い印を結ぶことで表わし（身）、真言を唱え（口）、そこに意識を運ぶこと（意）によって自身を仏と一致させること」と先生から教えていただいたのですが、もしかすると印を結んで真言を唱えるというところだけに始終しているのかもしれませんね。

川田　そうですね。「自身と仏を一致させること」というくらいですから、意識の深いところ、潜在意識のさらに奥の奥へと入っていかなければなりません。浅いところでは雑念に支配されてしまって、とてもそこまでは到達できないのです。

　私たちの心や魂の表面は、いつも汚れや垢がついて曇った状態です。この汚れや垢というのは人間であれば必ず持っている欲によるものです。ただ、欲というものは決して悪いものではなくて、あって当たり前のものです。人間というのは偉くなりたいなとか、色んなこと全部知りたいなとか、好きな人と一緒にいたいなとか、色んなことを一年中考えて生きているんです。

　ただ、その欲をそのままにしておくとマイナスの感情や思考が心や魂を曇らせて、真実が掴めない状態になってしまうのですね。それがそのままの状態ではいくら瞑想してもなんにも分からないわけです。

　ではどうすればいいかというと、その心や魂の曇りである欲をひとつずつ取り去っていく、これをクリーニングといいます。

尚子　クリーニングについては本当にいろいろなやり方がありますし、やっていくうちにレベルアップするというか、捉え方も生き方も変わっていくように思います。先ほどから何度かご紹介している『クリーニングの真実』『新生地球の歩き方』をぜひ読んでみていただければ嬉しいですね。

川田　そうですね。『新生地球の歩き方』では、「すべての存在物と対話できるようになる」ということをテーマにしましたが、やはり一足飛びにというわけにはいかないでしょう。

しかし、最も簡単で確実なのは「ごめんなさい、ありがとう」をマントラとして唱えていくだけですから、いつでもすぐに始められます。

尚子　私はなおちゃん流ということで、「ごめんなさい、ありがとう」に「愛しています」をプラスして唱えています。

ただ、私はずっとクリーニングを続けてきて、もう10年選手だからなのかもしれませんが、いまではあまり意識しなくても、自然に「ごめんなさい、ありがとう、愛しています」という言葉がいつも心の中でＢＧＭのように流れている感覚があります。

欲もたくさんありますし、感情や思考に振り回されることもしょっちゅうですが、それも自分の一部として認めながら、必ず魂の真ん中のところ、中心軸に戻ることができるという確信があるというのが一番大きな変化だと思います。

川田　実にすばらしいですね。ずっと素直に続けてこられたからこそ、こんなふうに変身されたのでしょう。クリーニングというのはやることは単純でそんなに難しいことではないのですが、とにかく継続するのが難しい。しかし、継続しないとまたすぐに曇ってしまうんですね。

スタート地点ではかなり汚れや曇りが溜まってしまっている状態ですから、変化が感じにくいことが多くかなり大変なのですが、取り去っていくうちにどんな人でも必ず光り輝くピュアな心や魂というものが出てきます。

いまはこんなことを偉そうに言っていますが、かくいう私もかつては非常に未熟で傲慢でしたから、最初の頃は瞑想もまったくできませんでした。そんな私でも、そういう曇りを取っていくと、すべての存在と対話できるようになるんです。そして、これを実行に移してみたのが、「知られざる空海」のお話なのです。これは私だけではなくて、誰でもできるということです。ぜひクリーニングを進めていって、曇りを取って様々な存在と対話をしてみてください。

◆空海の生き様の根本

尚子　空海さまはどんな子供時代を過ごされたのでしょうか。きっと資料としては残っていないのですよね。

川田　そうですね。しかし、魂のレベルで対話をしていくと書き残されたものでは決して分からない細やかなところまで鮮やかに見えてくるものなんですよ。

　空海の幼名は真魚といいます。真魚は幼少の頃から非常に利発な子で、特に目がひときわ美しく澄んでいて多くの人たちがそこに魅了されてしまったようです。玉依姫の弟に大足《おおたり》という人がいるんですが、その大足の友達に有名な坂上田村麻呂がいて、実はこの人が玉依姫を桓武天皇に近づけたんですね。大足も坂上田村麻呂も当然真魚の出自を知っていて、この子が将来どうなっていくのかをとても楽しみに見守っていくわけです。

　そして、その成長を目の当たりにした大足は真魚を預かることを申し出ます。桓武天皇のお子である伊予親王の家庭教師をしていたので、伊予親王と年の近かった真魚を学友として迎え、机を並べさせて自ら教育をしていくんですね。
　やがて立派に成長した真魚は、乗り気ではなかったものの大足の強い勧めで大学へ行くことになります。この時真魚は18歳だったのですが、実は当時、大学には16歳までに入らなければならないという厳しい年齢制限がありました。なぜ18歳で大学に入れたのかというのが大きな謎だったのですが、口に出さないだけで宮中の人は真魚が桓武天皇の子供だということを皆知っていますから、まったく問題なかった。そういうこともよく分かります。

尚子　謎が解けるというのはそういうことだったのですね。

川田　そのとおりです。真魚は非常に頭脳明晰で思慮にも富んだ若者でした。しかし、大学では様々な古典を学ぶ、いまで言えば中国の古典ですけれど、そういうものをことごとく暗記して書き写していくということばかりでしたから、一年ほどは耐えられたのですが、それだけではどうしても面白くなってくるんですね。二年目になると、大学に行く意味があるんだろうかと考えて悶々としはじめるんです。
　美しいはずの真魚の目が、あまり輝いていないことに気付いた坂上田村麻呂は、一体どうしたんだろうと心配し、この若者の将来に役立つようにと考えに考えて、「大日経」と「求聞持法」という二つの教典を真魚が大学に行っている間に置いていきます。

尚子 たしか、その経典は大学から去るきっかけを作ったもので、一沙門（僧侶）からもらったということではなかったでしょうか。

川田 空海の「三教指帰《さんごうしいき》」の序文にそのように書かれていますからね。多くの学者たちはその序文に従って、そういう経典を空海に渡した一沙門というのは誰なんだろうといまも一生懸命になって考えています。ああでもないこうでもないと一生懸命名前を挙げるのですが、全部違うんですね。

実は坂上田村麻呂が渡したのです。当時の人たちと対話すれば分かります。大足に聞く、真魚に聞く、田村麻呂自身に聞いても「そうだ」と言うんですよ。3人が「その通り」と言うんだからそういうことだなと、そうやって確認していきます。見えない存在と対話できるということは、今後どのようなことにおいても真実を探っていくうえで本当に大切な要素です。誰でもできるので、ぜひやってみてください。

尚子　では、どうして真魚は経典を田村麻呂からもらったということをわざわざ伏せたのでしょう。

川田　経典を見つけた真魚は、直感的に坂上田村麻呂が置いていってくれたことが分かります。自分の悶々とした気持ちを分かってくれて、そういう重要な2冊の仏典をそっと置いていってくれたことに、感謝の涙があふれるんです。そして、この想いにどうしたら応えられるだろうかといってものすごく悩むんです。

坂上田村麻呂は、桓武天皇にお仕えして蝦夷征伐をやっていくような大変な武将です。大学を去るというのはもちろん社会的に良いこととは言えませんから、そのきっかけとなるようなものをその田村麻呂からいただいたということが公になって、行く末にもし何か影響が及ぶようなことがあったら申し訳が立たない。そこで、一沙門からいただいたのだということをわざわざ書き残したのです。そうすれば、おそらく後世の人たちは坂上田村麻呂からもらったとは誰も思わないだろうという配慮です。

これは、玉依姫がそういう人なんですね。色んなお世話になった人に対してしっかり報いていくという、そういう血をお母さんからちゃんと受けていますから、それを真魚は実行していくわけです。

尚子　普通なら、そんな地位のある方からいただきものをしたら、自慢してしまってもおかしくないところですよね。そうしないばかりではなくて、相手の立場や行く末を考えて行動するというのは育てた玉依姫も育った真魚も、本当にすごいなあと感じます。

それにしても、大学を辞めるというのは大変な決断だったのではないでしょうか。

川田　二つの経典のうちの「求聞持法」を読むと、真言というものを100万回唱えれば、一度見聞きしたものはすべて忘れず、無限の智恵を手に入れて自分の解決したい課題がことごとく分かるとが書いてあって、真魚はこれに魅了されるんです。

でも、その真言を100万回唱えるということは一日1万回唱えたとして、100日かかることになります。そして、一日に1万回唱えようとすると10時間以上かかるんです。ということは、もしそういうことをやろうとすると日常性を全部排除しないと無理ですよね。つまり大学にいることができなくなるわけです。

そこで、真魚はお母さんにそっと相談するんです。大学に行ったけれどもまったく面白くない。悶々としている時に経典を二ついただいて、それに対してどう応えればいいのか。もし求聞持法をやるのなら大学には通えなくなるが、果たして辞めていいのだろうかと相談したんですね。

お母さんは、「自分の思うことをやってみて、心がなるほど、これでいいんだという道が開けるならば、そういうものに懸けてみたらよいのではないですか」と言うんです。行きなさいでも止めなさいでもなく、自分の心が満たされるのであれば、そちらを選んだらどうですかと言うんですね。真魚は、お母さんがどこまでも自分を信頼してくれている気持ちが分かって、それならばということで大学を辞めることを決意します。

尚子　人生の岐路に立った時、そっと手を差し伸べてくれる年長者や、常識的に考えたら止めるような場面で、こんなふうな言葉をかけてくれるお母さんというのは、本当にかけがえのない存在ですね。未来を担う子どもたちに、私たちができることを考えずにはいられません。

それからもうひとつ、空海といえども決して一人で偉業をなしえたわけではない。でも逆にそのことを空海自身がしっかりと分かっていたからこそ、それだけの偉業をなしえたとも言えるのかもしれないなということも強く感じます。

川田　本当にそうですね。空海の生き様の根本が、こうして着々と形成されていくということです。

大学を辞めるについては今まで学んできたことをきちんと整理をしてしっかりまとめきり、それを大学に置いて、そのうえで次の道に進もうということで著したのが、「聾瞽指《ろうこしい》帰《き》」というものです。

「聾瞽指帰」の「聾瞽」というのは目が見えない人、耳が聞こえない人という意味です。そういう人たちに諭していきますよという表題なんです。大学の先生は目が見えなくて耳が聞こえない、そういう人達に諭しますよというんだから強烈ですね。

道教、儒教、それから仏教、この三つのうちどれが一番優れているかというのを見ていくと仏教のようですねということを述べている戯曲風の書物です。後に序文と一番最後の詩だけを修正したものが先ほどすこし出てきた「三教指帰」ですね。これはものすごい名文で、驚くべきことにいまでも誰でもが手にすることができます。

◆真言は時空間を一体化させるもの

川田　こうしていよいよ、空海は求聞持法を身につけていくことになるのですが、100万回唱える真言がどんなものかというと、「ノウボウアキャシャギャラバヤオンアリキャマリボリソワカ」です。

尚子　わあ、舌を噛んじゃいそうですね。たしかにこれを1万回唱えるとすると10時間以上かかるかもしれないです。

川田　もうヘトヘトになりますよ。しかも、この真言を唱えるとき、つまり100日間は人に会ってはいけませんから、人里離れた深山幽谷でやらなければならないという、大変なことなわけです。ですから、どこでやるか、どのようにしてやるか、そういった準備が必要になってきます。

真魚は大学を去るときに生まれて初めて養父、お父さんの実家、四国に入ります。19歳の秋に大学を去って、佐伯家の菩提寺に1カ月篭って「聾瞽指帰」を書き上げたようです。この記述もどこにもないのですが、これも空海に直接「どこで書いたのですか」と聞いたらそう教えてくれたのです。

それまで住んでいた奈良の山々とは違い、四国の山渓はお椀を伏せたようなきれいな小さな山々とその奥にはもの凄く険しい姿の山並みが続きます。そういうところを冬の間に散策したり、山の中で実際に泊まってみて、自然の怖さ、もう言葉で表現できない恐怖を生まれて初めて知ります。そういう調査や準備をじっくりとしていった末に大瀧嶽でやろうと決めて、いよいよ山に入っていくんですね。

尚子　私は関西で育って、結婚してから夫の仕事の関係で四国に5年ほど住んでいたので、すこしこの時の真魚の気持ちが分かる気がします。同じ「山」と呼んでよいのかと思うほどに様子が違っていて、本当に驚きました。

川田　そうでしょうね。しかも、真魚はそんな山の中で一日10時間、しかも100日間もの間真言を唱えていくわけですから、本当にすごいことだと思います。

山の中の岩の上にしっかりと座って求聞持法、「ノウボウアキャシャギャラバヤオンアリキャマリボリソワカ」これを一日1万回唱えていくのですが、一日が終わると、立とうとしてももう立てません。そこをなんとか立ち上がって次の準備にかかるのですが、足が痺れるなんという程度の感覚ではないですよ。岩に根が生えたみたいになってしまって、岩なのか自分なのかが分からなくなるんです。

そして、そういうことを毎日繰り返しながら真言を唱えていくうちに、さらに真言を通じて自分と自然が一体化するという体験をします。真言を声に出しているとその音が響いて自然と一体化し、やがて木なのか岩なのか自分なのか分からなくなる。自然そのものと自分が完全に一体化するという、真言というのはそういうものなんだということを体感していくんです。

マントラ、真言はそういう力を持っている。真魚は真言を唱えさえすればすごい能力が身に付けられるということばかりに気を取られていたのですが、それは言うなればご褒美、お駄賃のようなものなのです。真言を唱えていくと自然そのものと自分が完全に一体化する。一体化するその大元に真言がある。真言の醍醐味はそこにあるというふうに空海はパッと気づくわけです。だからずっと唱え続けられるんですね。

尚子　真言を声に出す、その音の波動が自然とその一部である人間を同じように響かせるのですね。

川田　まさにそのとおりで、空海は「谷響き、こだます」と、たったそれだけの短い言葉しか発しないのですが、空海が真言を唱えていったときに大瀧嶽にある奈落の底を思わせるような深い谷が、そのまんま轟音を発して空海と一体になったという表現です。谷が振動する、自然が動き出す、そういうことを体験したということですね。

いままでにこんなことを書いた資料は全くありませんから嘘だと思われるかもしれませんが、騙されたと思って皆さんもやってみてください。5分でもいいので、一人になった時に声を出してやってみてほしい。一人になって真言を唱えてみると、自然なのか自分なのか分からなくなります。この体験があると、一体化というのがどういうことなのか分かりますから。

川田　大瀧嶽での100日間を終えた真魚は、このすごい体験をもっと極めてみたいと思って、今度は海岸に下りていきます。四国にもっと別の異空間はないかと、海岸線を伝って探すわけです。どこがいいだろうかと延々と歩いてついに到達したのが室戸岬ですね。

当時の室戸岬は人跡未踏の地、人を全く寄せつけない異空間です。その海岸線はものすごく異様な感じがする、海岸に近づくと2～3メートルもあるような隆々とした大きな岩がむき出しになっていて、それが全部ねじれているんです。

砂浜に立つと全身が痺れてきたので、原因を探して岩場に触れながら歩いてみると、ある石に触れた途端に雷に打たれたような感覚が走ったんですね。これまでの空間とは全く違うと感じて、ここで修業しようと思います。岩場を見ていくと二つ大きな洞窟があって、ここでやろうと決めるんですね。

尚子　有名な御厨人窟《みくろど》ですね。

川田　その御厨人窟で真言を唱えると、唱えた瞬間に洞窟が唸るんです。そしてその唸った洞窟のその真言の音がそのまま海に広がる、空間に広がる、その醍醐味に真魚は完全に酔いしれます。

最初の修行の時には、自然と一体化するということが分かったのですが、今度は時空間と自分が一体化する、時間が入ってきたんです。時空間と自分が一体化したときには思ったことの解が全て瞬時に分かる。その証しとして、「明けの明星が口に入ってきた」という表現をしています。今までとは全く違った自分がそこに出てくるんです。

「明星来影す」というのは、光と共にある、時空と共にあるということです。空海は真言によって完全な神秘体験を経て、時空間そのものと一体化できるという次のステージに上がれたのです。

尚子　時空間が一体化するということは、いま存在するいのちだけではなくて、過去や未来の存在とも対話できるということになりますね。

真魚はここで悟りを得て、ついに空海となったというふうに言われます。悟りと言うのは「我が心」つまり自分の本質を認識するということでしょう。真言というのはクリーニングそのものでもあって、その徹底的なクリーニングを経て、空海の魂の本質の輝きが前面に出できたのかなということを感じます。

川田　なおちゃんはすごいですね。

現在でも空海に倣って求聞持法をやる方はたくさんいるんです。いまは一日2万回唱えているので50日間ですね。それで、やり終えた方に「空海と同じようになりましたか」と聞くと「全然ならない」と言うんです。空海のような明けの明星が口に入ったという神秘体験は得られなかったということでしょう。

でも、それは捉え方がまったく違っていて、求聞持法、つまりマントラ、真言の本質は自然や時空と一体化することにあります。

そして、ここが重要なのですが、その場に、その状況に身を置けばそのことが分かるし、同じような体験もできるということです。そこに自分の身を置けるかどうかなんです。なおちゃんがいまおっしゃった通りで、クリーニングによって心身魂を磨き、全てのものをそぎ落としていった結果、空海が悟ったのと同質のことが分かってくる。空海と、あるいはすべての存在物と時空を超えて交流できるという、これがすごいことなのです。

尚子　それから、こうして伺っていると、修業された「場」というのもすごく重要な役割があるように感じますね。

川田　それに関しては大変驚いたことがありましてね。後で調べて分かったことなのですが、その室戸岬の特別な石は日本では2カ所しかないもので、一つは室戸岬、そしてもう一つは私が長く暮らしてきた筑波の筑波山、その山全体が同じ石なんです。海の底にある層の岩石がそのまま隆起しているもので、ものすごいエネルギーを包含しています。

尚子　しかも、先生はずっと岩石の研究をされてきたのですから、やっぱりご縁があるのですね。

川田　そうかもしれません。室戸岬に行くと、いまだにその7~8キロ手前まで来たところで体中が痺れてきます。洞窟の中に入ると、もう見事で言葉になりません。完全な異空間です。そして、その洞窟の頂点に立ちますと、本当に海と空だけがどこまでも広がるんです。1200年の時間を超えて自分をそこに置いてみる体験ができます。ぜひ、行ってみられるといいと思います。

◆100万回のクリーニング

川田 100万回と言えば、ご一緒に修行したのは、あれはすごい体験になりましたね。

尚子 はい。先生が始められてちょうど3日目にお会いする機会があって、じゃあご一緒にやりましょうということになりました。

先ほどご紹介した「ごめんなさい、ありがとう」というのを一日1万回、100日唱え続けるということでした。早口で言うと2時間ちょっとかかるということで、なるべく生活に支障のないように夜の11時から1時過ぎにかけて取り組みました。数えるのはとても無理なので、時間を測るようにしたんですよね。

川田 強烈でしたね。毎日劇的に変容していくのが分かりましたから。これをやると、求聞持法の100万回唱えるということのすごさが実感できます。言葉は自分に合ったものでいいと思いますが、ちゃんと声に出します。結構きついですけれどもね。

尚子　私は、あんまり早口で言えていなくて1万回足りないんじゃないかなと思う日もあったので、100日を過ぎてもしばらくは続けていました。最初はしんどいなあと思うんですが、繰り返しているうちに瞑想状態になっていきますよね。

川田　人間というものはどんなに心を静かにしようとしても、たえず意識と意識の間の境界から雑念が出てくるんですよ。だからそこに蓋をする、これが一種のマントラ、真言なんですね。

雑念が出てくる隙間にピタピタピタピタッと蓋をしていきます。早口にしましょう、スピードが必要ですよというのはそのためです。

尚子　雑念が出てくる暇がないということですね。瞑想法として呼吸に集中するという方法もあるそうですが、それで雑念を取り払うよりも即効性があるというか、パワフルな感じがします。

川田　そうなんです。そうやって続けていると、5000回を超えたあたりからすごくやりやすくなります。ところが、やりやすくなった途端に雑念がザーッと出てくるんです。蓋をしていたのが一気に出てくる。これがすごく必要なんですね。そういうところまできたら、取り合わない、追求しないんです。そうすると、そのあふれてきた雑念が必要のないものとして自分から離れていく。

尚子　涙があふれてきて驚くこともありますね。

川田　今までにあった様々な出来事や苦しみ、辛さの原因が、実はすべて他人ではなく自分にあったことが分かる瞬間ですね。これは潜在意識、空海の言うところの蔵識からの叫びです。法雨《ほうう》（仏の慈悲が人々を救うことを、雨が万物を潤すことにたとえている）という浄化の涙があふれる。

そういうところまできてはじめて、宇宙のサポートが入りはじめます。そうすると、スーッと楽になって、色んなことが分かってくる。とても面白いです。

尚子　隙間に蓋をしていくと一時的には雑念のない時空間が訪れるのですが、それでは自分の中に雑念が溜まっていくことになるのかもしれません。それをいっきに手放すことで劇的にクリーニングが進んで、変容といえるほどの変化につながるのではないかと思います。

人によって感じ方は様々だと思うのですが、この100日間を終えてからは、たしかに瞑想した時に問いに対する答えの感じ方が、なんとなくというのではなく、明確なものになったように思います。

川田　わあ、なおちゃんは突き抜けてしまったというのが、本当に分かりますね。

尚子　いいえ、とんでもないです。

ただ、私自身はこの100万回のクリーニングを終えてみて、これでわざわざ唱えることに特化するというのは卒業かなと感じています。100日を超えてしばらく続けていた時に、ここまででいいなというのをはっきり感じたんです。

とてもハードなチャレンジでしたが、先ほど言ったように、心の中にいつも自動的にクリーニングの言葉が流れている、たえずその流れ、周波数の上に立っている、そういうふうに感じられるようになったからだろうと思います。

それと、もうひとつ感じているのは、先ほど先生が求聞持法をやってもなんの変化もない方が多いと教えてくださったことで間違いないと思ったのですが、空海さまが言ったからやるとか、何かの成果を求めてやるとか、そういうことではダメなんだということです。

川田　なるほど、そのとおりですね。

尚子　クリーニングや瞑想の大切さがだんだん広く浸透してくるにつれて、私はちゃんとやっているから大丈夫というような依存の状態にある人が少なからずいらっしゃるように感じます。最初のうちはそれでもいいと思うし、何より私自身もそうだったのですが、ずっとそのままというのは違うと思うんです。

クリーニングをずっと続けていけば必ず魂は磨かれ成長し、それに伴って本質が見えるようになり、生き方も起こる出来事も変わってくるはずです。そうすると、これまでの本にも書かせていただいてきたとおり、クリーニングによって感じることや分かることも変わってくる。
でも、このことはいくら言葉で説明しても分かることではなくて、それを体感するには、自分なりのやり方でいいし5分でもいいのだけれど、とにかく自分で選択して、続けていくしかないんです。
時空を超え、空海さまをはじめとした様々な存在と対話しながら、ここからのお話の中で展開していく世界は、魂を磨き変容を目指す私たち自身が創っていく世界であり、その道しるべなんだということを心に留めて、ぜひいまこの時からご自身のクリーニングを進めながら、そのうえで読み進めていただければと思います。

川田　すごい話だなあ。そのとおり、そのとおりです。もう何も言うことはないですね。あとはなおちゃんが全部話してください、どうぞ。

尚子　あーっ！　先生ったらいっぱいおだてて、楽をしようとしてるでしょう。

川田　あら、バレましたか（笑）。いやあ、でも本当のことですよ。実に楽しいですね。

第2章

宇宙の根源との一体化

◆パラレルワールドを自在に操る

川田 サンドイッチ、美味しかったですねえ。コーヒーでも頼みましょうか。

尚子 はい、ぜひ。それにしてもお店に入った時は空いていて静かだったのに、気づかないうちに満員になっちゃって、ずいぶん賑やかですね。

川田 たしかに、女性の方はなかなか威勢が良いですねえ。まったく気にならなかったのは、ほら、以前なおちゃんが講演で話されていたパラレルワールドのご説明のとおりですよ。

尚子 喫茶店に行くと、時によっては隣の席の人たちのほうが近いこともあるのに、その人たちの会話は耳に入らなくて、一緒にいるお友達の声だけが聴こえます。大きな声であっても、雑音にしか聴こえないというお話ですね。

川田　そうそう。

尚子　対話をするということはその相手に自分の周波数、チャンネルを合わせているということなんですね。そしてこの時、実は時空には見えない仕切りができていて、隣に座っている方たちもたしかに同じ三次元に存在しているんだけれど、いないのとほぼ同じ状態になっている。つまり生きている世界、選択している世界が違う。こういう感覚で捉えてみるとパラレルワールドが分かりやすくなると思うんです。

ただ、実はこの仕切りというのには隙間がたくさんあって、うっすらとつながってはいます。同じ地球に同じ人間として同じ時を過ごしている、つまり共通意識をもって生きているということです。だから、たとえば隣の見知らぬ方がいま自分の気になっている言葉を発したりすると、自分の中のアンテナがピンと反応して、その瞬間から同じ時空を共有するようになり、その人たちの会話がはっきりと聞こえ始めたりするのですね。

川田　そういう意味で私たちは、どこにチャンネルを合わせるかということを常に意識していなければなりませんね。それによって会う人も入ってくる情報もまったく違うのですから。

尚子　チャンネル、周波数と置き換えてもいいと思うのですが、これを合わせるというのは、同じ世界を共有すること。それから、自分という仕切り、境界の隙間を広げて、意識をつなげるということだと思います。

時に涙が流れるような、魂が震えるような深い対話がなされることがありますが、この瞬間というのは、たしかに存在しているけれど境界がない、いわゆる「空」に近いような状態を体感しているのかなと感じます。

川田　そのとおりですね。お互いの言葉が境界を超えて共通のものとなるのですね。先ほど空海の話をしていた時などは、周りの音が一切聞こえず目の前に空海の体験した景色が広がっているようでしたから、私たちはまさに言葉によって時空を飛び超えていたのかもしれません。

尚子　クリーニングを続けていくと、やがて自由自在に様々なところに意識を合わせられるようになる。これが時空を超える、もっと言えばパラレルワールドを自在に操るということにもなるのかもしれません。

川田　操るということでいきますとね。私の場合には、最近あんまり頓珍漢な人とはしゃべれなくなってきています。話していても、日本語なのに外国語みたいに聞こえて言葉が魂に入ってこない。今度は逆に完全な境界ができて入らなくなるんですね。

これは相手が悪いということではなくて、人というのは会うのにタイミングがあるということです。重なるところがないと、口でいくら会いたいと言っていてもどうしても会えない。そこを無理やり肉体として会ったとしても通じ合わないわけです。

よく、困った人ばかりが寄ってきて困ると言う人がいますが、それはその時の自分がその周波数に近いものを持っているからです。自分の周波数をしっかりと保持して、中心軸をもって生きていけるようになってくると、それと合わない、ネガティブなものがやってきても、自然とこのようになるので平気になってくるんですよ。

尚子　いま思ったのですが、その周波数をしっかりと保つための手法のひとつが、空海が学んだ密教の真言なのではないでしょうか。

真言というのは同じ言葉を繰り返すわけですけれど、実際にやってみると声によって一定の周波数が生まれてくるのを感じます。真言は、私たちの身体や意識、魂に働きかけて、その周波数の存在たちとの境界を外していくための技のようなものなのかなと思ったのです。

川田　良いところに気が付きましたね。真言を唱えることで、空海は自然との境界がなくなって、自然と一体化できたのです。

尚子　きっとそれは、同時にクリーニングにもなるのでしょうね。ただ、日常からちゃんとクリーニングを心がけていないと、単純に真言を唱えるばかりでは境界を取り払うのは難しいかもしれません。

川田　自分自身が同調しないから難しいですね。

尚子　きっと空海さまが入られた山の中は、自然という精妙な周波数、エネルギーに満ちたところだったのだと思います。空海さまは真言の響きを通じて木々や岩や土、それから様々な生き物たちとの境界を取り払って自然と一体化し、ついには空を体感されたのではないでしょうか。

そう考えると、いくらパワースポットだと言われるような場所に行っても、その周波数に同調できないのであれば、何を得ることもできないのでしょうね。

川田　得ることができないどころか、お互いに居心地が悪いかもしれませんよ。

特に山や海なんていうところはとても厳しい側面もありますから、不用意に入ると異物として拒絶されてしまいかねません。

それにしても、なおちゃんは空海の学びを的確に捉え、誰もが分かる言葉に置き換えていきますね。実にすばらしいことです。

◆人間の生き方の本質をつかむ

尚子　この後も空海さまは山林修行を続けられるのですよね？

川田　はい。吉野の山の役小角《えんのおづぬ》の流れを汲んだ行者たちと一緒になって修業します。山に惹かれるものがあったのでしょうね。

真夜中の山に入って、道なき道を自分で作っていくのですが、30キロから40キロの荷物をパッと抱えて獣より速く歩くんです。そんな見てきたようなことを言うなと思うかもしれませんが、今でも行者がいるんですよ。歩くだけで2～3年かかります。では、ライトもない暗闇を風よりも速く走るにはどうすればいいかというと、これは心と魂の扉を開かないと絶対に無理です。実は山林修行の本質はここにあるのです。

尚子　『新生地球の歩き方』に掲げた心と魂の扉を開くためのマントラ「心と魂の扉が完全に開いたので、すべての存在物との対話が自由にできるようになりました。この状態を私は選択します」というのを思い出しました。

心と魂の扉を開くと真夜中でも道なき道を走れるというのは、もしかすると生命エネルギー、魂そのものの光で照らして走るということでしょうか。

川田　お見事ですね。心と魂の扉を開いて、魂の目ですべてを見ればいいわけです。そうすると白光のごとく全ての存在が見えてきます。体験すれば分かりますが、影のない状態で見えるんですよ。太陽やライトの下では光が当たって必ず影ができますよね。でも、それはあくまでも物質として存在しているからです。ところが、魂の目で見たときには影が一切できません。エネルギーそのものですから、ものすごく明るい。

その状態で、自分の存在を消すんです。歩いているときに存在を消すというのは、空気と同じようでなければなりません。風が吹いているときに止まったら自分が邪魔になってそこに風が当たるから自分を消すことはできない。風と同じスピードで動いていれば消えますよね。存在を消すというのは、すなわち同化するということなのです。

口で言うのは簡単ですが、これはすさまじく大変なことですよ。山林修行の最初の段階で空海はこれを徹底してやりました。

尚子 空海さまは心と魂の扉を開いて、大地、海、風と様々なものと一体化していくのですね。

いますごい記録を出しているトップアスリートたち、たとえばスキーのジャンプの選手なども、風と一体化しているから信じられないような記録が出るのではないでしょうか。

川田 そうそう。でも、どんなに鍛錬していても周囲からちやほやされて傲慢になったり、欲やエゴが入ってくると途端に扉が閉まって何にもできなくなってしまいますから、やはりクリーニングは一生やり続けないといけませんね。

尚子 ああ、グサッときます……。

川田 あはは、私も同じですよ。

空海に話を戻しますとね。真夜中でも風とともに走れるようになった空海は、山に入って色んな資源を採取することを学んだり、そこに住む人々のことやその役割などを克明に見ながら生活を共にしていきます。

そして、そうするうちに空海は、山によって個性が違うということが分かるようになります。すべての山は生きている、呼吸をしている。その呼吸の仕方、水、におい、植物や動物……、そういうものが山によって全部違う。それがことごとく分かるようになるんです。
夜、太陽が沈んでから山に登ります。完全に日が沈んで暗くなってから、山の頂上から周辺の山々を眺めると、かすかに光る山がある。そこには必ず、金か銀か銅といった鉱物があります。空海にはそれが分かるんです。普通の人が登っても決して分かりません。
そのかすかな光の変化で目星をつけて、朝になってからそこに行くとそういう貴金属を産出している場所が見つかるわけです。

尚子　鉱物のことが分かるなんて、なんだか川田先生みたいですね。

川田　ご冗談を（笑）。でも、そういうものが見える、感じられるということは私にも分かります。
山林修行を終えた空海は、今度は全国各地を巡って仏像を作るときに最も重要な材料である丹生、つまり水銀の産出地である丹生の里に入って修業します。銅山や、タタラといって鉄をつくっているところなどにも行きます。そこでそういった鉱物を採取したり、精錬、加工したりする技術を習得していくんですね。

尚子　全国各地にゆかりの地があったり、空海さまは錬金術師だということをおっしゃる方がいるのはこのためなのですね。

川田　ものすごいスピードで全国を回っていますからね。ところで、当時そういったところで働く人々は人間扱いされず、徹底的に差別されていました。やってくる人は、長《おさ》とだけ話して産出された鉱物だけを買っていくというのが当たり前だったのです。

ところが、空海はそこで働いている人たちの中に入って、「一緒に生活させてください」と頼みます。彼らはいままでそんな人を見たことがない。「私たちを人間扱いしたのはあなたが初めてだ」と非常に驚き、感動するんですね。こうして山の人たちはみな空海を慕うようになります。

尚子　その山の人たちが後に空海が遣唐使を志した時に、自分たちの財産を惜しむことなく提供し、応援していくことになるんですね。

川田　そのとおりです。彼らの協力なくして空海の遣唐使実現はありませんでしたが、空海としては人として普通に接しただけですから、彼らがそこまで親身になってくれるとは夢にも思いませんでした。人に対応するときに、分け隔てなく本当に真心込めることの大切さを、そこでまた痛感するわけですね。

でも、人を大切にするという態度については、もともとお母さんからしっかり受け継いでいて、空海にとってはすでに自然に身に付いていることでした。ここでの空海の最大の学びは、実は彼らの生き方そのものにあったんです。

尚子　生き方、ですか？

川田　そうです。たとえば、水銀は猛毒ですから、そこで働いている人はある年頃になると体中に瘍《よう》ができます。瘍というのは大きなできもののことで、それができるともう亡くなっていくしかないんです。普通ならものすごい恐怖に慄くはずなのですが、丹生の里で働いている人は瘍ができても微動だにしません。恐怖を乗り超えて、病をそのまま受け止め、受け容れて、自然に亡くなっていく。一時的にではなく、人生そのものが自然と一体化しているのですね。

その状況に空海はものすごく驚きます。自分の置かれている状況から逃げることもがくこともなく、人として扱われない環境も、仕事も病も自分のすべてとして受け容れて、自然と共に自然に生きていく。この姿に打たれるのです。

人間というのは、こんな生き方ができるのか。そして、これこそが人間の有り様そのものだと、彼らを心の底から尊敬して、彼らの生き方を学び、そこに自分の身を置く。そうすると今度は彼らと自分が一体化していきます。そうやって空海は彼らのすべてを学んでいくのです。

尚子　いまを生きる私たちも、病気や天災といった自分ではどうすることもできない苦しい状況に陥るときがあります。そんなとき、その状況をどう捉えて、どう生きていけばいいのかというのは、誰もが直面する問題だと思うのですが、この自然と一体化するというところに答えがあるように思えます。人間の生き方の本質というのでしょうか。

川田　きっと空海も、そのように直感したのだと思いますよ。

◆対象物に語りかける難しさ

尚子　もしかすると、空海さまはこの時に水銀や銅や鉄といった存在物との対話をも体得していったのではないでしょうか。

川田　それは間違いないでしょうね。

尚子　以前先生から、生命誕生の時の太古の地球の組成を、石たちと対話して教えてもらったとお聞きしたことを思い出したんです。いま先生が取り組まれている常温超電導のご研究でも、金属と対話をされるのですよね。

川田　たしかにそうですね。超伝導というのは、電気抵抗がゼロになる現象のことをいいます。1911年にオランダの物理学者でヘイケ・カメルリング・オネスという人が、4度K、（0度Kはマイナス273度、つまり絶対零度）ですから、ものすごい低温である4度Kという温度のもとで水銀に電気を流すと電気抵抗がゼロになるということを発見しました。

電気を流しても電気抵抗がゼロだということは、まったくロスがないということですから、これは理想的な物質です。しかし、温度が低すぎるので実用化は難しい。これまでの、いまもそうですが科学、サイエンスというのは、対象物を観察してどういう性質なのかを見極めていくというのが重要な役割でした。だから、少しでも高い温度で超伝導が起こる物質を100年以上探し続けてきたわけです。

尚子　たしか、1980年代に超電導のブームが起こったんですよね。私は小学生ぐらいだったのですが、なんとなく覚えています。

川田　小学生だったのですか！　なんとまあ、びっくりしますね。

それまでは、限られた人たちだけが研究していたのですが、マイナス150～160度くらいで超伝導になる物質が見つかってから大変な状況が起きて、研究者という研究者は全員超伝導に挑戦するという異常な事態になりました。

研究者だけではなくて企業もことごとく超伝導に挑戦したのですが、実はこれは一攫千金を狙ったからなのです。もっと温度が上がったところで電気抵抗ゼロの物質を見つけることができれば、ノーベル賞をもらえたり大儲けできるという算段ですね。

尚子　なんだかそれって、研究の取り組み方からしておかしいですよね。

川田　もう研究とは言えないようなひどい状況でしたね。だから当時ある会社に勤めていた私にも研究するようにお声がかかったのですが、直感的にお断りしたんです。

では、なぜいま超電導の研究に取り組むのかというと、これまでの研究というのは対象物の性質はまったく変わらないという前提での話です。そうではなくて、対象物の性質を変えることができるのではないか、もっと積極的にものに語りかければ常温でも超電導が実現するのではないかということを考えたのです。

そもそものアプローチが全く違うのですが、実はこれは空海の示唆によるものなんですよ。

尚子　対象物に語りかけるといえば、水の結晶で有名な故、江本勝先生を思い出します。きれいな言葉をかけた水を凍らせた結晶はとても美しくできて、汚い言葉をかけて凍らせると結晶が歪むということを写真で示されて、世界中で話題になりました。

川田　実は江本さんは私のところにお見えになられたことがあるのですよ。そんなことはありえないと、多くの物性物理学者から徹底的に叩かれて、相談にみえられました。なぜ叩かれたかというと、学者たちはそういう現象に対して、素直にそのとおりと言い切れる、証明できるようなものを持っていないのです。だから、どうしてもそれはＮＯだという判断をせざるを得ないわけです。

でも、こんなにきれいな結晶ができる。言葉だけでこんなに変わるんだということを、江本さんは実際の写真で見せることができたので、やっぱり世界中で注目され続けたんですね。

尚子　科学や物理の世界では客観的に証明できないものは否定されてしまうのですね。

川田　そのとおりです。そこで、私は科学者ですから証明をしようと試みるわけです。

ものに言葉をかける、すなわち人間の意識を関与させたときにものが変わるとすれば、それはなぜだろうかと、それを水の場合で徹底して考えてみる。水というのはH2Oという分子でできています。そうすると、たとえばコップいっぱいに水を満たしたときに、このコップの中をH2Oの球体で表現すると、それらが占める割合は全体のなんと12％にしか過ぎません。残りの88パーセントは空間なんですね。

それならば、この空間に人間の意識を乗せていけばいい。人間の意識というのはエネルギーですから、その88パーセントの空間に思いのエネルギーを入れることができれば、水の分子振動は当然変わってきます。分子振動が変われば、水の性質も変わる。であれば、江本さんの技術は当然だということが言い切れるのです。

尚子　そう考えると、人がエネルギーを授受することができるのも、人間の60％以上が水でできているからなんですね。

川田　実のところ、物理をやっている人間はみんな体験的にそのことがよく分かっているのですよ。

尚子　えーっ！　それならなぜ認められないのですか？

川田　残念ながら、風土の問題なのです。

科学や物理において、様々な物質の性質を測るときには、その物質はなるべく単結晶として不純物のない状態、ピュアな結晶にして測るのですが、その単結晶が、たとえば大学の教授位になるとまず作れないのです。いい結晶ができない。

ではどうするかというと、助手とか技官とか、大学院生などが作ります。そうやってできた結晶を「よし、測ってやる」というんだからすごい姿勢ですよね。この姿勢はいまでもほとんど変わっていません。これは物理の世界では昔から有名なことなのですが、結晶を作る役割の人たちというのは、とかく馬鹿にされがちで研究者としてなかなか認められてきませんでした。

そんな風土の中で私たちはずっとやってきましたから、人間の意識によってものの性質が変わるなんて、そんなことを言った途端に研究なんかできなくなってしまいます。いまのところは、まだそういう風土なんですね。

尚子　そういう風土は業界を問わず、現代社会のそこかしこに蔓延しているように思います。そういう風土からの脱却というのは、本当に難しいですね。先方に変化を求めることは難しいですから、私たちの意識のほうからしっかり変えていくしかないのですよね。

川田　そうそう。だからこちら側から、そういう事例をどんどん作って、新しい社会を構築していけばいいんです。

そのために、水の現象をもうすこし一般化して捉えてみるんですね。人間の思いによってものの性質が変わるというのは一体どういうことか。これを一般化すると、『人間の思いによって物質の原子配列を制御することができる』ということになります。このように一般化できたら、それを様々なことに応用していけばいいわけです。

水には巨大な空間がありましたが、水以外の物質にも必ず空間はあります。その空間に人間の思いを乗せていけば、性質が変わるのは当然だということになりますよね。だから、それをやっていけばいいわけです。

尚子　わあ、ワクワクしてきますね。

川田　ところが、思いをいくら入れても、ものの性質はそう簡単には変わらないんです。水ではできるのになぜ他の物質ではできないんだろうと色々考えてみると、人間の思いというエネルギーはエネルギー密度が、物質の性質を変えられるほど高いものではないということが分かるわけです。

尚子　ああ、そうかもしれません。このエネルギー密度というのは、イコール周波数であったり精神性の高さだと思うのですが、たとえばフリーエネルギーといった技術が出てきても一向に広がらないのは、きっと私たちがちゃんと使いこなせるだけの精神性に達していないからではないかとよく感じるのです。
　ひょっとして、空海さまはそれができたのでしょうか。

川田　おそらくそうでしょうね。
ここから先に空海が学んでいくことの中にも、その示唆が多く含まれてきますよ。

尚子　だから、いま、私たちは空海さまに学ばなければならないのですね。

◆遣唐使として唐に渡る

尚子　ところで、山林修行を続けていた空海さまが、遣唐使として唐に渡ることになったのはどういったいきさつがあったのでしょうか？

川田　坂上田村麻呂からいただいた仏典のうち、求聞持法はきちんと学べましたが大日経はそのままにしていましたよね。

これをひも解いてみると、自分を知ることが悟りの道に繋がるとあります。でも、それだけではまだよく分からないので、まずは仏教、当時の日本の仏教は大乗仏教ですからそれをしっかり学ぼうということで、大足や伊予親王の推薦状をもらって、色んなお寺を巡って経典を借り、それを次々と読んでいきます。

すると、初めて触れる経典、しかもすべて漢字で書いてあるものがサッと読める。しかも、読んだ途端に全部分かるんです。そのうえ、読んだ後山に入って反芻すると、この経典は何のために残されたのか、何を伝えようとしているのか、こういったことまで分かります。

尚子　求聞持法の威力ですね。

川田　まさにそうですね。

こうして空海は大乗仏教の経典をことごとく読破した後に、あらためて大日経を読むのですが、まったく中身が違うんです。大乗仏教というのは釈迦仏教の延長線上にある仏教なのですが、基本的に全部否定仏教です。ところが、大日経は仏教でありながら肯定仏教なのです。そこに空海はものすごい衝撃を受けます。

肯定するということは人間のすべてを認めることです。それは分かるのですが、なぜ、どうやって人間のすべてが認められるのかが分かりません。どうしてもその本質を知りたい。そのためには、大日経にある教えを説く人がいる中国に行くしかないんですね。

そこで、空海はお母さんに唐に渡りたいと相談するのですが、これが大変なことになります。いままではどんなことも空海を信頼して応援してくれたお母さんが、目に涙を浮かべて、「あなたの気持ちは分かるけれども、それはなりません」と言うんです。空海は驚いて、しかしどうすることもできずに、「ごめんなさい」とだけ言ってその場を去るしかありませんでした。

尚子　そうか……、唐に渡るというのは命がけのことだったのですよね。お母さんの息子を失いたくないというその気持ちは痛いほど分かります。

それでも空海は唐に行くことを決意する。その気持ちも尊いものですね。最愛のお母さんの涙は、空海にお母さんの気持ちを知っていてもなお、命をかけて臨むという覚悟を促すものだったのかもしれないとも感じます。

川田　本来、親子というのは、そういうものなんですね。

空海は、その後また山にこもって、今まで学んできたことをもう一度全部整理し直します。そして、自分が新たに何をやっていくのかというところに焦点を絞り、ついに自分は僧侶となって肯定仏教を学び、広めていこうと心に決めるのです。

尚子　それにしても何がすごいって、この時に合わせたかのように二十数年ぶりに遣唐使が出るということですよね。そういうふうにタイミングがピタッと合うのは、宇宙からのサポートが入っているからなのでしょうね。

川田　空海自身、この時に合わせたかのように大日経を開いていたことに気づいて、身震いするような想いだったことでしょう。

そうして、空海はいよいよ遣唐使として唐を目指すことになるのですが、当時何の資格もなかった空海が遣唐使の一員になれたのは、先ほども少しお話しした空海が大学を出るときに書いた「聾瞽指帰《ろうこしいき》」を、山林修行中に書きかえて「三教指帰《さんごうしいき》」としたのですが、これを見た坂上田村麻呂らがあまりのすばらしい内容に驚いてしまいます。

そして、これを桓武天皇にもお見せしたところ、「なんと、真魚はここまで成長していたのか！」と驚嘆して、宮中の人たちにも「これを見よ」と言って渡します。そのうえで空海が遣唐使として唐に渡りたいということを知った桓武天皇は、坂上田村麻呂や大足に、「そなたたちが一番いい方法で真魚を遣唐使の一員に加えよ」と言うのです。

それで、空海の「特技を活かす」ということで、山林修行で学んだ薬草などの知識を活かして薬生という立場で唐に渡らせようと衆議一決したわけです。

尚子　何の資格もなかった真魚が唐に渡れた謎が解けましたね。真魚の能力はもちろん、桓武天皇が真魚のお父さまだったからこその出来事だったということですね。

川田　そうでもなければ、たとえ薬生としてであっても行けるはずがありませんからね。

さて、空海が唐に渡った第一六次遣唐使というのは2回船出をしています。空海が薬生として乗った803年の1回目の出航の時には暴風雨に遭って瀬戸内海でバラバラになり、一度中止して帰ってきてしまいます。

そして、約一年間の修復期間を経て2回目の出航をするのですが、実はこのときには空海は東大寺で僧侶の資格を取っていて、今度は僧侶として船に乗っているのです。

尚子　薬生として唐に渡るのと僧侶として渡るのとでは、やはり大きな違いがあるのですか？

川田　まったく違いますね。身分が違うんです。ただ、その僧侶の中でもさらに違いがあって空海のような普通の僧侶は、唐で20年間しっかり学ぶことになっています。これに対して地位の高い僧侶は還学生といって、ちょうど今でいうと有名大学の総長のような立場の人ですね。そういう人たちは遣唐大使と一緒に行って一緒に帰ってくるんです。そうすると、どんなに長くても半年以上は滞在できないのですが、何を学ぶかということよりも、唐に行ったということが評価になるんですね。

ちなみに同じ第一六次遣唐使として唐に渡った最澄はそういう立場ですが、その最澄も空海のことを認識しています。薬生だったはずなのに次の年には僧侶として船に乗っている人間がいるらしいということで、非常に驚いたようです。

尚子　それだけ身分の差を超えていくということは難しいことだったのですね。

川田　それに関してはね。空海は薬生として船に乗ることになった時に、嬉々として薬草のことを色々と話すのですが、誰も見向きもしない。ここで空海は、初めて人に蔑視されるということを体験するんですね。人間というのはどうも、地位や資格といったもので人を評価、判断する、そういう側面があるらしいということを、この時初めて学ぶわけです。

そこで空海は、じゃあそういう地位や資格を得ようというのではなくて、そうならないためにはどうあるべきかということを、考えていくんです。空海のすごいのはそういうところです。自分が体験したことを必ず次に活かそうとする。

こういうところはもう、実際に時空を超えて対話をしてみないと分からないことです。でも、対話することで、なぜ空海があそこまでの偉業を成し得たのか、その秘密が見えてくるんですね。

尚子　2回の船出があったことは必然だったと、簡単に済ませてはいけないように感じます。どんなことからも学びを得ていく空海さまの生き様があるからこそ、2回の船出が活かされたというのが真実でしょう。

川田先生がお話の最初に「空海の生き様を掘り起こすことで多くの生き方が変わる」ということをおっしゃってくださいましたが、この空海の出来事の捉え方は、とても私たちも自分の生き方にぜひ取り入れたい大切なポイントであるように思えます。

川田　空海が人類の師というにふさわしい人物だということがしみじみと分かりますね。

こういったことがありながら出航した2回目の遣唐使船なのですが、またもや嵐に遭って散り散りになります。4隻の船のうち、最澄の乗っていた第2船は無事に当初の目的地である寧波《ねいは》に到着するのですが、第3船は船がバラバラに壊れて筑紫に流れ着き、第4船は完全に行方不明です。そして、空海の乗っていた第1船はかなり壊れてしまって航行不能となり、1カ月弱かかって台湾のすぐ真上の赤岸鎮《せきがんちん》というところに漂着してしまいます。

赤岸鎮のお役人たちは、この時まで日本の遣唐使船なんて来たことがありませんから、ものすごくびっくりします。そして、もしかすると海賊船かもしれないと警戒して上陸させてくれないんですね。その挙げ句、そのさらに南にある福州《ふくしゅう》というところまで回されて、そこでまたずっと待たされるわけです。

この時に空海が遣唐大使の代わりに書いた嘆願書のおかげで遣唐使として認められ、長安に向かうことができました。これが空海が歴史上に躍り出た最初の出来事ですね。中国は書の国ですので、書が立派であれば人間そのものが立派だということになったのです。

尚子 でも、その福州から長安までというのは、ものすごく大変な道のりですよね。

川田　福州から長安までは約2400キロありますからね。四国88カ所が約1200キロですから、そのちょうど倍になります。5月に日本を船出して、12月の24日とか25日とか、暮れのぎりぎりになってついに長安に着くわけです。

◆密教との出会い

尚子　ついに長安へ入った空海さまは、どんなふうに動かれるのでしょうか？

川田　長安に入ってから最初の1カ月強は遣唐使たちと行動を共にしなければならず、ほとんど自由な行動は取れませんでした。しかし、その限られた時間の中で空海は長安の町中をくまなく歩きまわります。

長安は碁盤の目のようになっていて分かりやすいものの、大変な巨大都市です。お寺だけでも、この当時はキリスト教系も含めてとにかく色んな宗教の寺院がなんと400以上もありました。

でも、空海は山林修行をやっていますから、人の4〜5倍のスピードで歩ける。そして、求聞持法も体得しているので、ここが自分に関係あるのかないのかということが前を通るだけですぐに分かるんです。こういう能力を発揮して、数カ所だけ気になるところ、体の痺れるところを見つけて、それによってここがお世話になるところだなと知るんですね。

尚子 恵果阿闍梨のいらっしゃった青龍寺ですね！

川田 まあまあ、そう焦らずに（笑）。青龍寺もそうなのですが、それはもう少し後で出てきます。醴泉寺《せいれんじ》というインド人僧侶のお寺があって、まずここでしばらく学ばなければならないというのが分かります。

それから、お寺以外にも書に関連するところも見て回ります。筆や硯、あるいは印を作っているところですね。引っかかるところにパッと入ってどんなことやっているか覗くんです。

尚子　それにしても、長安に着くなりすぐにそんなふうに歩き回って、言葉などは大丈夫だったのでしょうか。

川田　この時すでに空海は、中国語を完全にマスターしています。日本で大学に行っていた時に音博士と呼ばれる人がいて、その人たちから徹底的に学んでいるのです。そして、日本の色んなお寺を回ったときには、帰化人がたくさんいたのでそこでも唐語での会話をしっかり学んでいます。だから、中国語はもうペラペラ、文章もちゃんと原語で書けますしね。

そういうすごい才能を持っていたので、唐に渡った時にはもう自分の庭を歩いているようなものです。中国では教養人でなければ使えない言葉があるのですが、それにもきちんと対応できる。初めて唐に来た異国の人間だと思って対話していたら、自分を凌駕するような言葉が出てくるんです。

そのようなわけで、空海は1カ月ちょっとの間に、長安の町の中ですっかり有名になってしまいました。日本から来た遣唐使でとんでもない人がいる。我々でもかなわないすごい天才が来た。書だけじゃなく詩も上手いし、何より人柄がすばらしい、人を差別しない、こんなすごい人がいるんだという具合です。

尚子 なんだかちょっと、誇らしい気持ちになりますね。

川田 まったく同感です。

そうして、2月になって遣唐大使が帰るのを見送った後、そこからは20年学ぶことになるのでもうゆっくりすればいいのですが、空海は相変わらずものすごい急ぎ足で動きまわります。なぜか焦りがつきまとうんです。そして、まず先ほど出てきた醴泉寺、インド人のお坊さんだけのお寺に入って学んでいきます。

尚子 せっかく唐に来たのに、どうしてインドのお坊さんだけのお寺に行かれたのでしょう。

川田 空海は仏教の本質を知りたい、徹底的に勉強したいわけです。仏教の祖であるお釈迦様はインド人ですね。インドで仏教が起こり、小乗仏教から大乗仏教に変わり、それが中国に渡って、さらに日本に入ってきている。そうして日本に入ってきた時には全然違った形になっているんですね。

しかし、その変わってしまった仏教の端っこに、空海は大元のインドにあるのであろう、何か非常に発想が豊かでどんどん外へ広がるものを感じる。だから、まずその大元、源流を知りたいと考えるんです。

それを聞いた牟尼室利三蔵《むにしりさんぞう》というインド僧は、「あなたは一体どこでそのようなインドの考え方を学んだのですか！」と言って驚愕します。実は当時の日本にはインド人がかなりいて、空海は彼らからインドの考え方を聞き、それからインドの古い言葉、つまり梵字も習得していきます。そうしてそこから端を発して、大乗仏教の中にそういう片鱗を読み取っていたわけです。

そしてまず、この梵字を言葉として理解することをこの牟尼室利三蔵から学び、それから般若三蔵という人からもインドの思想などを徹底的に学んで身に付けていきます。

尚子 空海さまは、日本の中で得られる知識はもうすべて得ていたのですね。お釈迦さまがインドで最初に説かれた仏教は小乗仏教だったと思うのですが……。

川田　よくご存じでした。そのお釈迦様が説いた小乗仏教、これも否定仏教なのですが、これがインドでも広がっていくうちに少しずつ大乗仏教に変わっていきます。
なぜかというと、小乗仏教というのは僧侶になる人、つまり特別な存在の人だけが学べるもので、一般の人々は学びたくても学べないのです。そのことに対する不満から立ち上がってきたのが、大乗仏教です。
大乗仏教は小乗仏教のように特別の専門家ではなくて日常生活をしている普通の人でも釈迦の教えに触れることができるという画期的な教えでした。その大乗仏教がどんどん広がって、それがそのまま中国に入っていったんですね。ただ、この大乗仏教もやはり否定仏教です。

尚子　まだ大日経にあったような肯定仏教ではないということですね。

川田　そうです。そもそも否定仏教というのは、私たちが人間として持っている様々な属性を全部否定していけば、やがて仏という理想的な存在に変わることができるというものです。しかしここからが問題で、すべての属性を否定していくのにどのくらい時間がかかるかというと、3劫《こう》という時間が必要だというんですね。
1劫というのは、百年に一度、天女が羽衣を着て降りてきて大きな石の台を羽衣ですっと撫でていきます。その石というのはなんと一辺が20㎞もの立方体なのですが、羽衣で撫でられる時の摩擦によってその石が擦り減ってなくなるまでを指すんです。その3倍というのですから、もう無限ですよね。

尚子 それでは大乗仏教で仏教の教えに触れられたとしても、仏には絶対なれないと宣言されているようなものですよね。

川田 まったくそのとおりです。そんな矛盾があるところに出てきたのが、密教というものです。
密教というのは、宇宙の要になるもの、その真理を人格化して、これを大日如来と名付けます。そして、その大日如来にすべてを語らせるのです。大日如来は宇宙そのものであり、完成形ですから、否定するものなどありません。それが密教の大元なんですね。そこで否定仏教がいよいよ肯定仏教に変わるのです。そして、それを説いた大日経、金剛頂経という経典ができ、7世紀から8世紀にかけてすごい勢いで発展して、そのまま中国に入っていきます。すなわち密教には大日経系と金剛頂系という二つの流れがあって、空海はこの二つの流れを、その原初であるインドの僧侶たちのもとで学び、それを掴んだあとに恵果阿闍梨の待つ青龍寺に行くのです。

尚子　ちょっとお話が逸れるかもしれないのですが、一つご質問をしていいでしょうか。

川田　私で分かることでしたら何なりとどうぞ。

尚子　空海が学んだ密教と、チベット密教とは違うものなのでしょうか。

川田　違います。もしかすると混同してしまう方もいらっしゃるかもしれませんから、ちょっと順を追って説明していくと、空海が学んだのは7〜8世紀にインドから中国に入ってきた中期密教です。実はその後インドで発展した後期密教は、タントラが中心になってまったく違うものになってしまうんです。

それまでは宇宙をベースにした話だったのですが、それでは分かりにくいということで、すべてを人間中心に、人間の問題に置き換えていって、ヨガも曼荼羅もまったく違ったものになっていきます。

そうしているうちに、13世紀でインドは廃仏になり、インドでの仏教はそこで断絶してしまいます。それで9世紀以降に発展した後期密教が移っていったのが、チベット密教なんですね。

◆恵果阿闍梨を超える

尚子　恵果阿闍梨は唐の皇帝の代宗、徳宗、順宗から尊崇されて、「三朝の国師」と呼ばれた高僧なのですが、空海さまがやってくることを事前に察知されていて、初めて会った空海に向かって「我汝の来るを知り、待つこと久し。今日相見えて大いに好し」と告げられたのですよね。

川田 先ほどから、なおちゃんは色んなことをよくご存じですねえ。

尚子 実は学生時代から空海さまが大好きで、歴史小説などをたくさん読んでいるのです。先生のお話をお聞きしていると、隙間が埋まっていくのでとてもワクワクします。

川田 ほほう、そういうことでしたか。

恵果阿闍梨は大日経系と金剛頂系という二つの流れの密教を曼荼羅と言う形で一つに束ねた方です。曼荼羅というのは、皆さんご承知のとおり仏の姿を描いた絵で、大日経系の胎蔵界曼荼羅と金剛頂系の金剛界曼荼羅の二種類があります。密教というのはあまりにも深遠なので、到底言葉では表現できない。だから絵で表現していったんですね。

まず、胎蔵界曼荼羅というのは中心、真ん中のところに大日如来が座ります。そして、大日如来の周りに色んなお坊さんたちが座る。なぜこんな絵を描いたかというと、大日如来という宇宙の真理は完全ですから、完全形を人間で表現するのは非常に難しいんです。そこで、様々な属性の人をお坊さん、仏の形で表現し直します。そうすると、大日如来という完全形の人が真ん中にいて、そこから色んな属性を持った人たちが周りを囲んでいく形になります。
外に行けば行くほど一部分は優れているけれど、全体的には優れているとは言い難い人たちが出てきます。最外院という一番外側に至ると、1％ほどしか人の役に立つところがない、99％ダメ人間が描かれているんです。普通だったら蔑視されて相手にもされないところなのですが、密教はそういう人たちをも仏の仲間に入れてしまいます。
この最外院の中には、なんと人間を殺して、その人間の腕とか脚を獣のようにむしゃむしゃ食べている鬼までいるのです。でも、食べたら隣の鬼に食べなさいと言って与える、この与えることがすごい行為だというんです。ほとんど全部ダメでも、一つだけ良いところがあればそれを仏として認める。だから全部認めてしまうことができるのです。そうして全部認めて、肯定すれば完全形ができるんですね。それが宇宙だというわけです。これが密教のすごいところです。

尚子　たとえば、私でもその中に入れるということでしょうか。

川田　もちろんですよ。誰でもが宇宙の一員ですからね。

もうひとつの金剛界曼荼羅というのは、完全な人の意識を表現したものです。完全な智恵、意識というものを真ん中に置いて、最後のほうにいくと乱れていきます。でも、それでもいいんです。これを全部仏の姿で表現するのですが、これは人間の形をしているほうが分かりやすいからなんですね。

この密教を学ぼうということで空海は青龍寺に行くわけですが、恵果阿闍梨にはすでに一千人以上の弟子がいます。遠く異国から来ている人も多く、長い人は10年、20年と仕えているわけです。恵果阿闍梨はもう高齢で余命いくばくもない情況でした。ところが、そんなにたくさんの弟子がいるにもかかわらず、この密教の教えを伝えきれる弟子が出てこない。そこにようやく空海が現れたんですね。

尚子　だから「待つこと久し」だったのですね。

川田　恵果阿闍梨は空海に会った瞬間に灌頂壇に上がりなさいと言います。灌頂壇というのは、曼荼羅で描いた教えを授ける壇のことです。密教を学ぶときには、まず灌頂壇に上がって目隠しをします。そして、投華得仏といってお花を描かれた曼荼羅の上に投げるんです。そして、花の落ちたところの仏が自分の指導してくれる仏様だということになって、その仏様の真言や印をきちんと学んでいくわけです。

これを空海がまず胎蔵界曼荼羅でやってみると、なんと中心の大日如来のところに落ちます。次の月に金剛界曼荼羅の投華得仏をやると、またもや真ん中の大日如来のとこに落ちる。こんなことは偶然ではあり得ない。空海は遍照金剛という名前が付いていますが、それはまさに大日如来という意味です。

恵果阿闍梨は、自分の思ったとおり、この日本から来た外国人の若者こそが自分の教えをすべて捧げることができる弟子だと確信して、非常に満足するんです。

尚子　空海さまはそれからたった数カ月で密教を修めていくのですよね。

川田　恵果阿闍梨は空海に、今までどういうことを学んできて、それをどういう形で理解するかということを全部克明に説明していきます。ほとんど言葉にできませんから絵で説明するしかありません。一人ずつの仏の役割、真言や印、それから梵字、そういったものをすべて覚えていきました。

そして、それらを覚えたうえで、灌頂、つまり正統な継承者となるための儀式を受けていきます。最初は大日経系と金剛頂系のそれぞれの様々な仏と繋がるための結縁灌頂を受けて、それらが全部終わった後、今度は密教そのものを伝える伝法灌頂を受けるんですね。恵果阿闍梨に出逢ってからわずか3カ月後には、空海はこの伝法灌頂を受けるまでになるのです。

それまでの恵果阿闍梨は本当に身体が弱っていつ死んでもおかしくないような状態だったのですが、伝法灌頂のときには自分の中にそういう不安は一切なく、まさに仏と一緒になって空海を育てるという姿に変わるわけです。そして、それにしっかり応えてくれる空海に感激し、非常に安心して、12月の半ばにすっとこの世を去っていきます。

尚子　恵果阿闍梨が亡くなった夜に、空海の夢枕に恵果阿闍梨が立つのですよね。「今まで私はあなたの先人、伝法者として伝える側で、あなたが学ぶ側でしたが、次に生まれた時には、私があなたに弟子として教わります。求めるものと求められるもの、教える側と教えられる側、お互いに入れ替わりながらこれからも密教の発展のために尽くしましょう」とおっしゃったといいます。

こんな関係性だったのだから、あっという間に恵果阿闍梨を失った空海さまは本当にお辛かったでしょうね。

川田　これはもう、どうしようもなく悲しいですよね。でも、「あなたが求めていたものは全て教えきった。これを早く日本に帰って伝えなさい」とも言われますから、空海はそれをそのまま忠実に実行していきます。

ただ、その前に伝法灌頂を受けた正統な密教の継承者、また弟子たちの代表として、空海は恵果阿闍梨を弔うための大法要をすべて取り仕切ります。その弔辞といいますか、恵果阿闍梨を讃える詩が大変に有名な記念碑的なもので、唐の知識人でも到底書けないようなすばらしい文章を残しているのです。

そして、これが何よりすごいことなのですが、この後空海が残した膨大な文物の中に恵果阿闍梨にお世話になったというような記述はたった2カ所しかないのです。これは、空海が恵果阿闍梨を超えたということの何よりの証です。

尚子　恵果阿闍梨に頼ったり甘えたりすることなく、乗り超えるのですね。

川田　教えを受け継いで生きていく者というのはしっかりと自立して、師の教えをベースにしながら、それを必ずや超えていかなければなりません。そのために、少し後から生まれてきたわけですからね。

それに、師にいつまでも頼っていては、亡くなられた師が帰るべきところに帰ることができない場合もありますし、向こうでの役割を果たすことができないのです。

尚子　これは、もしかすると大げさではなくて、いま人類全体が直面している大きな問題かもしれません。多くの人が様々な人やものにしがみついたり、依存してしまっている気がします。

それから、長い歴史の中でたくさんの偉い方が出てこられて、その方々に頼ってしまっている人ものすごくたくさんいますよね。

川田　本当にね。こんなことを言うと物議をかもすかもしれませんが、イエス様もお釈迦様もこんなにしがみつかれたのでは大変ですよ。

尚子　あっ！　たしかにイエスさまもお釈迦さまも人間ですものね。

川田　そのとおりです。それにね。空海が超えていくことで、恵果阿闍梨の存在が燦然と輝く。これがすごいんです。

尚子　空海が超えていくことで恵果阿闍梨の人生が完成するんですね。その存在が本当の意味で活かされて、魂が喜んでピカピカになるのでしょうね。

川田　こうして空海は、今までは求める側だったのが一気に伝える側に変貌するわけです。恵果阿闍梨は密教の第七祖、つまり七番目の方なのですが、空海はそれを伝える側である第八祖の大阿闍梨として生まれ変わるのです。

◆最澄との決別の真相

尚子 夢枕に立った恵果阿闍梨は、早く日本に帰りなさいとおっしゃったということですが、遣唐使の僧侶は唐で20年学ぶことになっていたのですよね。

川田 恵果阿闍梨がそう言ったのには理由がありましてね。いくら密教を学んでいるとはいえ、長年学んできた他の弟子たちは腹が煮えくり返るほど悔しい。なんとかして空海に腹いせをしたいわけです。それを生前の恵果阿闍梨は察知していて、それで空海を早く日本に帰らせようと算段するのです。するとこの時、どういうわけか高階遠成《たかしなのとおなり》という遣唐大使が来ていて、ちゃんと帰れることになるんですね。

こうして、20年学ぶはずだった空海はわずか1年と2、3カ月ですべての学びを終えて、日本に帰ってくることになります。ただ、20年の予定で唐に行ったのに、そんなに短期間で日本に帰ってくるというのは、大変な罪にあたってしまうわけですね。ですから、唐で学んできたことの全貌を表現した御請来目録《ごしょうらいもくろく》を高階遠成に渡してそれで一緒に帰ってくるわけです。

尚子　いよいよ日本に帰ってきた空海さまは、九州太宰府に留め置かれますよね。唐の長安を出て寧波に着くまでの間に日本では桓武天皇が亡くなっていたということですから、もう庇護者がいない状況の中で、空海はどのようにして都へと戻ることができたのでしょうか。

川田　桓武天皇が亡くなられた後、皇位につかれた平城天皇はそういったことにあまり関心がなくて、御請来目録を渡してもそのままになっていたようです。ところが、1年間は九州にいるのですが、どういうつてがあったのか2年目にはもう筑紫から和泉に帰ってくるんです。

これまで誰が呼んだのか全く分からなかったのですが、どうも後の嵯峨天皇が呼び寄せたようです。嵯峨天皇と平城天皇は桓武天皇の子供です。ということは、空海の義兄弟ということになりますから、これで合点がいきますね。その嵯峨天皇は空海が唐に渡る前にまとめた三教指帰をすでに読んでいて、そのうえで御請来目録を読む。これはすごいということになって、空海は都へ戻ってこられることになったのです。

尚子 そうして、晴れて日本で密教を伝えることになった空海さまのもとに、最澄さまも訪れるのですよね。

川田 最澄は空海が帰国する前の年に日本に戻っているのですけれどね。自分の学んだ密教の不備を悟って、「自分は入唐したが真言は学ばなかったので、あなたから学びたい」と申し出ます。最澄は一刻も早く伝法灌頂を受けたくて、そのためにはどのくらいの期間がかかるのかと質問するんですね。すると空海は「私と3年勉強してください」と答えるのですが、最澄としては3年もかかるのかとものすごく不満なわけです。これは自分がどういう存在なのかを理解していない、評価できていないということです。自意識過剰というのは、かくも恐ろしいものなのですね。

でも、最澄の弟子たちは、最澄様ほどのお方が3年もかかるということは、忙しすぎてなかなか学ぶ時間がないに違いない。だから我々が代わってやるんだということで猛然と頑張るわけです。

尚子　お弟子さんたち、すごいですね。

川田　そんな弟子たちの中に、泰範《たいはん》というとんでもないお坊さんが出てきます。この泰範は天台宗における最澄の右腕といわれたのですが、元々は比叡山の麓にあったお寺で修行していたお坊さんなんです。途中から比叡山に登って最澄の元で学び始めるのですが、天台宗の中にいた多くのお坊さんたちを完全に凌駕した存在だったんですね。

途中から入ってきた泰範ですが、その能力を高く評価した最澄から天台宗全体を束ねてくれと言われるまでになりました。そうすると、他のお弟子さんたちがもの凄く嫉妬して、徹底的にいびるわけです。それで結局比叡山にいられなくなって山を降りてしまいます。ところが、最澄はそんな泰範の辛い心情、機微が分からない。そういう人なんです。言い方がよくありませんねえ。ごめんなさい。

尚子　泰範というのは、たしか空海さまの十大弟子のお一人ですよね。

川田　密教を勉強していくと、大乗仏教とは全く中身が違うんですね。泰範は密教の全て認めていいんだと言い切れる凄さに打ちひしがれ、ぞっこんになって徹底的に修行していきます。それから、密教は全ての存在をそのまま認めるので、弟子に優劣がないんです。泰範はこのことにも感激したのですね。皆同じで、座ればいい。とにかく徹底して座る、そして仏典を見る、それから真言を唱える、この繰り返しです。そうすることで自分がどういう存在なのかが見えてくるわけです。

最澄はそれまでも空海から密教の様々な仏典を借りていたのですが、中でも非常に重要な理趣経を解釈し直した「理趣釈経」をどうしても借りたいということ、それから泰範に戻って来るようにということを書いた手紙を何度も出すんですね。

そこで空海は、「泰範はもう帰りません。それから理趣釈経というのはもの凄く重要な経典で、これはそのままあなたにお貸しするわけにはいきません」と丁寧に断ります。ただ、多くの方はこの二つの出来事によって空海と最澄は決別したとおっしゃるのですが、そういうことではなくて、先ほども言ったように、これは法器の問題なのです。

空海は最澄に対して「あなたは密教を伝える質にあらざる存在です。今のようにとにかく経典を一生懸命写して覚えていくような資質では、永遠に密教は伝えられません」と宣言した。これが本当の理由です。

尚子　厳しいですね。でも、必要な厳しさだったのでしょうね。

川田　もう、やむを得ないですよね。最澄は空海と決別した途端に、密教は面授、面と向かって教えるのですが、このことを指して筆授、つまり書いていくことをあまり大切にしない者はそのうちに滅びるということを言って、言外に空海を辛辣に批判します。今まで空海様と持ち上げていたのに手の平をポンと返す、そういう人なんです。

ああ、声が出にくくなってきましたね。余計なことを言っているのでしょう。

尚子　最澄さまを必要以上に批判するのは良くないのかもしれませんけれど、こういう毅然とした対応は大切ですよね。

それから、いまの私たちにも、情報だけを手軽にほしがってしまう風潮というのがあるなあというのを感じました。そういえば、先生の講演会にもそういう方が来られることがあるっておっしゃっていましたよね。

川田　みんなじゃないですけれどね。時々そんな方が来られるので、そういう時はいつも

「大切なのは知識じゃないですよ。内観です」と申し上げるんです。それでも分からない時は、もう来なくていいですとか、無茶苦茶言ったこともありますね（笑）。

まあ、最澄はある意味すごく人間的な人でね。地位のある偉い人なのですが、行くところ行くところで必ず論争を起こして、それに振り回される。そういう中で亡くなっていくんです。非常に気の毒な方です。

◆宇宙の真理を説く

川田 こうして最澄と決別した空海は、密教を日本に根付かせるべく、密教の本質、否定から肯定に変わるその本質というのをいよいよ言葉で表現していきます。

尚子 恵果阿闍梨は言葉ではとても表現しきれないからということで、曼荼羅で表現されたのですよね。

川田 そうです。その曼荼羅の中心に座る大日如来という存在はなにかと言えば先ほどお話ししたとおり、宇宙の根源の本質を人格化して可視化したものです。宇宙の根源なのですから、ネガティブなものであるわけがないですよね。それを教えとして広げていったわけです。

大日如来の存在、宇宙の根源というのはこういうものだよということ。そして、我々が生きていくということは、すなわちどのようにその宇宙の根源を表現していくかということなのだから、そこにネガティブなものなどあるはずがない。だから、全てを肯定して、認めていけばいいということです。空海は、これをなんとしても言葉で伝えなければならないと思うんですね。

尚子 密教というのは、仏さまの教えだから仏教の中の一つの流れではあるのでしょうけれど、それまでの仏教というのはお釈迦さまの教えを中心としたものですよね。そうすると、宇宙の根源を中心に据えた密教というのは、その時点で仏教を超えているのではないかと思ったのですが……。

川田 そのとおりです。そして、その密教を空海が完成させたのが真言密教ですね。

今までの釈迦仏教というのは、釈迦があるレベルの高い存在から様々なメッセージをいただいて、そのいただいたメッセージをそのまま伝えたものです。これは、イエスによるキリスト教、それから他の多くの宗教も同じでしょうね。

一方の空海はまったく違います。恵果阿闍梨に教わったことから、釈迦を超えて真言密教という形に進化させていった。全部自分で考えて、論理を作り直し、それを表現するんです。真言密教というのは宇宙の根源、そこにある真理を伝えていくもので、どこかから指示やメッセージを得て、それを伝えるということとは次元が違うのですね。

尚子 『新生地球の歩き方』には、人間は宇宙人による遺伝子操作によって創られたんだけれど、目覚ましい進化を遂げていままでは宇宙人たちから嫉妬されるほどになっているというお話が出てきますよね。もしかすると、「レベルの高い存在」の中には、そういった宇宙人さんたちも多くいらっしゃるのかもしれないなと思います。それから、人類を見守ってくださっている祖先のメッセージもあるかもしれませんね。

各地に残る神話の世界の名前のある神さまたちは、人間よりも激しいんじゃないかと思うくらいの喜怒哀楽がありますものね。もしかすると、この方たちが曼荼羅の中にいらっしゃって、宇宙の根源とつながる仏さまなのかなあなんて、つい空想の翼が広がってしまいます（笑）。

川田　いやいや、そのとおりですよ。ぜひ続けてください。

尚子　すこし前にカトリックの中学・高校で学んだ聖書を読み直す機会があったのですが、聖書が書かれた時代には、モーセのような指導者は宇宙の根源とつながる高次の存在からのメッセージを受け、その神々しさに触れて、とにかくそのまま伝えなければならないということで一神教が生まれたのではないかと思ったのです。そして、そこに従う多くの人々は、まだ十戒をいただいて、それを守るので精一杯の存在だったのではないでしょうか。

そういった時代を経て、イエスさまやお釈迦さまがお生まれになって。宇宙の根源により近い高次の存在とつながることによって、イエスさまは「人は神の子である」とおっしゃったし、お釈迦さまは「人は仏になれる」という真実をおっしゃったのですが、そのメッセージを聞いた人々は、宇宙の根源がどこを目指して、なんのためにそれを伝えているのかは分からなかったのではないかと思えます。

そして、それこそがすべてのことを神にゆだねてしまう、宗教というものの限界なのではないかと感じるのです。

川田　すごいです。そんなふうに考える人はなかなかいないですよ。よくご自分でそこまでの域に到達されたものです。

釈迦にしてもイエスにしても、言われた通りのことを伝えただけなのです。だから、それを聞いた人たちも、伝えられたとおりにすることにばかり執着するようになってしまったわけです。

尚子　それは決して悪いことではなくて、当時はそれで精一杯だったんだと思うんです。でも、宇宙の根源、根源神は真理を示しながらも、その言いなりになるのではなくて自分たちの力で考え、行動することを望んできたのではないでしょうか。言われたとおりにしていさえすればいいのなら、私たちが様々な個性をもってここに在ることも、思考することも出来事も現れてくる感情も、何もかも意味がなくなってしまいます。

川田　そんな中で自分自身が自然、さらに宇宙の根源と一体化して、人間を新しい形へと進化させたのが空海なのです。

尚子　座る、真言を唱えるといったことは、何かを高次の存在を頼って教えてもらおうというのではなくて、宇宙の根源との一体化を目指している。空海さまは宇宙の真理を説こうとされたのですね。

川田　まさに究極の内観とは、そこに到達することです。

尚子　いま、宗教を超えようということを多くの人が言い始めていますが、１０００年以上前にすでに宗教を超えている人がいらっしゃったのですね。

空海さまの時には空海さまお一人だったのかもしれないけれど、いまこそ空海さまから学び、みんなで、地球全体でちゃんと進化する時なんだよということなのかなと感じています。

川田　地球が、さらには宇宙が燦然と輝く、そのために私たちがいるということですね。

第3章

空海の想いを受け継ぐ

◆宇宙の秘密を解く真言密教

尚子 ここからついに、空海さまは恵果阿闍梨から受け継いだ密教を言葉で表現していくのですね。

川田 そうですね。恵果阿闍梨から受け取った二つの曼荼羅の世界を言葉で表現していこうとします。誰もが分かるように言葉で表現することで密教を広げていこうとするわけです。

尚子 難しいチャレンジですね。

先ほどお話に出てきたイエスさまもお釈迦さまもご自身では何も書き残していらっしゃいません。その結果、お弟子さんたちが書かれたものが聖典として大切にされてしまって、それゆえ真実がきちんと伝わらなかったのかもしれないと思うのですが、それはもしかすると、高次の存在とつながって得た真理を言葉で表現することなど、とてもできなかったからなのではないでしょうか。

川田　宇宙の真理を言葉で表現するというのは前人未踏と言っても差し支えないほど、本当に難しいことですからね。

空海はそれを言葉で表現し、しかもエネルギーあふれる自筆の書まで多く残っているのですから、これは本当にすごいことです。

それで初めて恵果阿闍梨からいただいた密教が文字と言葉で表現されて、曼荼羅だけではよく分からなかったことが、空海の働きで分かるようになってきたわけです。

尚子　空海さまが生きた時代には、その真意をきちんと理解できる人はほとんどいなかったのかもしれませんが、いまの私たちがこうして空海さまの言葉というか、エネルギーに触れることができることは、とても貴重なことだと感じます。

川田　そうは言うものの、さすがの空海も密教の真理を言葉で表現するのには、大変な苦労をしたようで、段階を追って深い内容へと進んでいきます。

まずは、今までの大乗仏教に対して密教というのはこういうものだということを絶えず対比しながら克明に表現していきます。大乗仏教では仏になるのに三劫成仏、三劫という無限に近い時間がかかるけれど、かたや密教は即、生きたまま、この体のまま仏になれる即身成仏というすごい教えなのですよというようにまとめ、さらに密教というのは「法《ほっ》身《しん》」という仏自身が語ったものだというのです。

そして、これらの考え方を『弁顕密二教論《べんけんみつにきょうろん》』で展開するのですが、それだけではなかなか多くの人には伝わらない。そこで今度は、密教の本質を『即身成仏義』という書物で著していくのです。

この時に密教は言葉と文字で表現しながら伝える密教、すなわち真言密教となります。真言密教というのは空海の密教のことで、今までの密教とは別物です。この始まりとなるのが『即身成仏義』なのです。

尚子 この『即身成仏義』に先生がよく教えてくださる「六大」のお話が出てくるのですよね。

川田　よく覚えていましたね。真言密教の中核はこの『即身成仏儀』にある「六大・四曼・三密」に集約されます。

まず「六大」というのは、宇宙の全ての存在は五大、すなわち「地・水・火・風・空」という五つの存在から成り立っており、それぞれを「地大」「水大」「火大」というふうに呼びます。そして、その五大に六つ目の「識大」、すなわち意識が入って、その全体で「六大」というのです。

尚子　宇宙の全ての存在には、意識が重なっているということですね。

川田　しかし、ただ重なっていると言うのでは分かりにくいので、「五大」とは別に「識大」を設けることで、ものと意識と分けて考えて、これを徹底的に表現するのです。そして、六大という概念で全体を束ねていくと、全てのことが分かるというわけです。

六大はそれによって全てのものが生まれて、そこで発展して、やがて消滅していく。そのように流れていくという性質を持っています。この性質は空海の思想の最も根幹にあるもので、それが全部表現し尽くされているのが『即身成仏義』なのですね。

尚子　宇宙の存在すべての法則ということですね。

川田　今まで教わってきた曼荼羅を言葉と文字で表現し直すと、完全な大日如来の実態、つまり宇宙そのものが見えてきます。

それをまず「六大」と表現し、次にこの六大を「四曼《しまん》」、つまり4種類の曼荼羅で表していきます。

尚子　どんな曼荼羅なのですか。

川田　四曼というのは、大曼荼羅、三昧耶《さんまや》曼荼羅、法曼荼羅、羯磨《かつま》曼荼羅の4種類です。

まず大曼荼羅というのは、仏や菩薩の姿形をそのまま表すことで、森羅万象、宇宙そのものを象徴的に表したものですね。それから次は三昧耶曼荼羅、これは仏が持っている道具類によって仏を表現します。三鈷杵とか五鈷杵、あるいは文殊菩薩なら剣ですね。剣を描いたら文殊菩薩ですよということになります。仏の持ち物で仏そのもの、あるいはそれぞれの仏の意識を表現する、これを三昧耶曼荼羅といいます。

３つ目は法曼荼羅、仏そのものを一つの文字で表現するんですね。梵字1字で一人ひとりの仏を表現していきます。そして、最後４つ目の羯磨曼荼羅は、分かりやすくいうと立体曼荼羅です。今の高野山の大塔に入っていくと、大日如来が真ん中に、四方の柱に菩薩が表現されています。そのように立体的に仏を並べた曼荼羅を羯磨曼荼羅というのです。

尚子　きっと、様々なアプローチから宇宙を表現しているのでしょうね。

真言密教は、名前からの印象で「秘密の仏教」というイメージがありますが、逆に私たちが分かっていない「秘密」を開示してくれる教えなんだなあと感じます。

川田　空海の言葉に、「いわゆる秘密には二義あり、一には衆生秘密、二には如来秘密なり」というのがありましてね。どういうことかというと、人間は生まれながらにして仏の徳を持っているにもかかわらず、それが分からずにいるのを衆生秘密といい、真言密教の教えを受けずに大日如来、つまり宇宙の真理が分からないことを如来秘密というのです。

尚子　その秘密を解くのが真言密教なのですね。

川田　そのとおりです。そうして、しっかりと宇宙そのものを把握したうえで、その真理、本当の姿に迫るために最後には「三密（身密・口密・意密）」、つまり瞑想してくださいということになるのですね。しっかりと瞑想すれば、仏の姿も、なにをどう伝えたいかということも全部分かるということを示しているわけです。

◆「存在はコトバである」

川田　『即身成仏義』では、大日如来の存在というものを様々な形で表現しているのですが、その大日如来の語る言葉を表現したのが『声字実相義《しょうじじっそうぎ》』という、2番目の書物です。『即身成仏義』もそうなのですが、全て詩で表現されています。
それから、大日如来がどういう思いでどんな表現をしているか、その「思い」に焦点を当てたのが『吽字義《うんじぎ》』です。

尚子　『吽字義』の「吽」は、お寺や神社の狛犬などによくみられる「阿形」「吽形」の

「吽」という字のことですか。

川田　そうそう。梵字の「阿」は最初の音、「吽」は最後の音ということで、それぞれ宇宙のはじまりと終わりを表しているとも言われるのですよ。

空海は、この「吽」という音を詳説していくことで、大日如来の思っていること、考えていることを表現しました。

まず、仏というのはどういう存在か、宇宙とはどういうものかということを『即身成仏義』で表して、語る言葉を『声字実相義』で述べて、その思いを『吽字義』で表現する。この3つは空海の代表的な書物で、あわせて「三部書」と呼ばれています。

尚子　お聞きすればするほど、空海さまの教えてくださることは、宗教という枠の中のお話ではないなあと感じます。今から1200年ほども前の平安時代に、こんなにすごい方がいらしたなんて信じられないですね。

私がいちばん驚いたのは『声字実相義』の「五大にみな響きあり」という表現です。すべての存在には響きがある、つまり音として表現できるということは、聖書にある「はじめに言葉ありき」とも、いまよく言われる周波数のこととものながるように感じられます。

川田　宇宙の存在のすべてが、大日如来の語る言葉なんだということですね。

このことについて、もう亡くなられているんだけれども井筒俊彦先生という方が驚くべき見解を示していらっしゃいますよ。

尚子　前に先生とお話しした時に教えていただいたので、すこし調べてみたのですが、井筒先生は慶應義塾大学の名誉教授で、文学博士、言語学者、イスラーム学者、東洋思想研究者、神秘主義哲学者等々、様々な分野に造詣が深く、30以上の言語を使いこなした大天才なのですね。

小説家の司馬遼太郎氏も井筒先生のことを「20人ぐらいの天才が1人になっている」と表現されていて、お二人が対談されたときにも空海論に花が咲いたのだそうです。空海は新プラトン主義者プロティノスの哲学を知っていたし、キリスト教も知っていたというようなお話だったそうで、先生がしてくださった空海さまが唐にいらした時のお話と重なりました。

川田　それぐらいのことを吸収していなければ、宇宙を表現するなどということはとてもできないでしょうからね。

井筒先生のいちばんの功績は「コーラン」の翻訳だと言われているのですが、空海のことも多く書かれています。

その中で、井筒先生は空海の思想の一番の根っこを「存在はコトバである」というふうに表現されました。「存在」と「コトバ」というまったく違う概念を並列にしてしまったんです。これはすごいことです。

尚子　難しいことはあんまり分からないのですが……。

川田　またご冗談を。

尚子　冗談でもなんでもないですよ（笑）。でも、井筒先生のおっしゃっていることは、なんだか分かる気がするんです。

もともと宇宙というのは「空」の状態で、言葉があることではじめて境界ができるのではないかと思います。そして、音の持つ意味から、役割ができて、私たちが認識することを助ける。つまり、言葉というのは、事物を指し示すための道具ではなくて、逆に事物をそのものたらしめるエネルギーなのではないでしょうか。

良いたとえかどうかは分かりませんが、言葉がなければ在ると認識されることはないか、せいぜい変な形のものという認識くらいしかできないけれど、「いす」という言葉があることで、役割という一種のエネルギーが付与されて共通の認識が生まれ、実際に「いす」になるという感じです。

川田 完璧に分かっているじゃないですか。

尚子 本当ですか！ 嬉しいです。この考え方で良いのだとすると、ものにかけられていく言葉のエネルギーで、そのものの本質はどんどん変化していくということにもなりますよね。それなら、「ありがとう」と声をかけるか「ばかやろう」と声をかけるかで水の結晶が変わったり、植物の成長の具合が変わると言うのも当然ということになります。

川田　おっしゃるとおりです。ただ、これは言葉自体の持つエネルギーも作用するのですが、その言葉を発する人のエネルギーと言いますか、思いの純粋さ、精神性の高さ、魂の美しさによって、結果がずいぶん変わってきますね。

尚子　そうですよね。人は言葉という音を響かせる媒体、楽器のようなものですから、その人の質がエネルギーの質や量を変えることは想像に難くありません。

川田　以前講演会などで、プランターにほうれん草を植えてみると、その発芽率や成長の程度でいまのご自身の状態が分かりますよということをお伝えしていたのですが、もの言わぬ存在と対峙していくことで、自分という存在のエネルギーの質が如実に表れるわけです。

植物の場合は相手も意思をもった生命体ですから、クリーニングを進めながらトライしていくとやがて対話ができるようになってきて、お願いしたとおりに育ってくれるようになりますよ。

尚子 たしか、女性のほうが対話できるようになるのが早いのですよね。

川田 クリーニングの進み具合にしてもそうなのですが、残念ながら私も含めて男性のほうが時間がかかることが多いようです。男性のほうがいまの社会にはまり込んでいるということでしょうね。

おおよそですが、女性だと4〜5回、男性だとその倍の8〜10回ぐらい栽培すると、植物と対話ができるようになります。

尚子 おもしろいなあと思うのは、返事を求めてお世話をしたり声をかけている間は、全く反応がないのですが、もうすっかりそんなことはどうでもよくなって、ただただ日々の成長が嬉しくて、愛おしいなあと思いながらお水をやったりしていると、ある時突然「ありがとう」と聞こえてくるんですよね。

そして、そうなると、街路樹が季節を知らせてくれたり、鳥たちが挨拶してくれるようになってくるのだから、楽しくなってしまいます。周りが輝いて見えるようになってくるんです。

もちろん『クリーニングの真実』にも書いたと思いますが、話すと言っても言葉がはっきりと聞き取れると言うことではなくて、ありありと感じられるということなのですけれどね。

川田 すごいなあ。なおちゃんのお話を聞いていると、女性の方が存在物との対話がすっとできることが多い理由が分かりますね。

男性の方が相対的に目的に対する執着が強いんですね。手放せないんです。それから、理論理屈といった鎧がなかなか脱げない。

尚子 男性だからというのではなくて、「ねばならない」という感覚が強い方は難しいのかなあという感じがします。

先ほどから魂の質とか美しさが問われるというお話をしているのですが、では良い言葉、ポジティブな言葉を使えばいいということで、そこに執着される方が案外多いように思います。入り口としては悪くないとは思うのですが、実際問題、生きているかぎりネガティブな思いが湧いてこない人はいないですよね。

川田 むしろ、ネガティブな思いに囚われている時のほうが多いでしょうね。しかし、空海が教えてくれているとおり、それはそのままでいいんです。まずそんな自分を認める。認めないかぎりは、いくらポジティブな言葉を言ってもそれは口先だけのことで、出ているエネルギーはネガティブそのものです。認めたうえでクリーニングすると、浄化される。それをやり続けることが必要なわけです。

そして、それを繰り返しているうちに、やがて同じことが起こっても平然と受け止められるようになります。必要な気づきもやってくるでしょう。

しかし、それで終わりということはなくて、次の課題がやってくるからまたクリーニングをしていく。この繰り返しが魂の成長なのですね。

尚子 そして、この繰り返しをしっかりと積み上げていくと、やがてすばらしく質の高い音、存在物と対話するだけではなくその性質を変えたり、もっと言えばものをそのものたらしめるような、精妙なエネルギーを発することができるようになるのではないでしょうか。

井筒先生の言葉に触れた時に、空海さまが教えてくださっている真言というのは、瞑想しクリーニングを重ねることで、そこまでのレベルに達した人が発した時にこそ、その真言の表す仏とつながり、本当の効力を発するものなのではないかと思ったのです。

川田　いやあ、驚きました。人というのはクリーニングを進めていくとここまで変わるのだということを、なおちゃんは自らの存在によって伝えているのですね。

◆境界を外し「空」となる

川田　空海は他にもいろんな書物を残しているんですが、皆さんよくご存じの般若心経を解説した『般若心経秘鍵』というものがあります。

これは非常に珍しい、空海独自の展開なのですが、般若心経を読み解いていくと日本にある仏教の様々な教え、宗派が全部その中に収まります。また、それだけではなくて、般若心経で最も重要なのは真言だというのです。最後の「羯諦（ぎゃーてー）羯諦（ぎゃーてー）波羅羯諦（はーらーぎゃーてー）波羅僧羯諦（はらそーぎゃーてー）菩提薩婆訶（ぼーじーそわか）」とありますよね。これが真言なんです。

尚子　息子がお世話になった保育園が曹洞宗のお寺だったので、息子は毎日お友達と一緒に般若心経を唱えていました。

当時は主人が亡くなったばかりで、どんなふうに仏壇にお参りすればよいのか悩んでいたのですが、園長先生が般若心経は宗派に関わらず大切にされているお経なのでお母さんもぜひ覚えて、息子さんと一緒に唱えるといいですよと教えてくださって、一緒に覚えたものです。

私たち親子は本当に恵まれて、ずいぶん色々な方に助けていただいてきました。ありがたいことです。

川田　それはひとえに、なおちゃんやご主人の生きざまの反映ですよ。

しかし、そう考えるとその時からすでに、なおちゃんと空海とのつながりは始まっていたのかもしれませんね。

尚子　そう言えば、その頃に般若心経に関する本をいくつか読んで、はじめて「空」という言葉に出会いました。般若心経は「空」の教えだと書かれていたように思います。
なんとなく、この世は無常なものだということなのかなあと思っていたので、先生から田んぼの例え話を使った「空」のご説明を伺った時には、とても驚きました。

川田　そうでしたか。
おっしゃるとおり、「空」というと否定的に捉えられることが多いのですが、空海は肯定的に捉えるんです。普通は、なにも存在しないというふうに言うのですが、空海は全ての存在物は存在しているのだけれども、その存在を認識できない状態、これを「空」だと言うのです。
この説明では分かりにくいからということで、私はいつもなおちゃんがおっしゃったように、田んぼをイメージしてくださいと言うわけですね。田んぼにはあぜ道がありますよね。あぜ道で区切られていることで誰の田んぼがどこにあるかちゃんと分かります。

その田んぼに水を張る。そして、その状態で畦を取り去るんです。そうすると一面水が広がっている状態になって、誰の田んぼがどこにあるか分かりません。でも、分からないだけであって確実にあるんですよね。この状態を「空」というのです。

尚子　これをお聞きした時に、そうか、人は死んで無くなってしまう無常なものなのではなくて、たしかにあるんだけれど、身体という枠から出てしまうことで私たちには認識できない状態になっているだけなんだということが腑に落ちたのです。

このことに大きな衝撃を受けて、どうしても先生のご本を創りたいと思って、それででてきたのが『いのちのエネルギー』です。どなたかのご本を創りたいと自発的に思って、しかも実際にお願いしたのはあの時が初めてでした。後でなんと大それたことをしてしまったのだろうとめちゃくちゃ後悔したんですよ（笑）。

川田　懐かしいですねえ。それ以来、私はなおちゃんのお願いには、どうしても「はい」と応えてしまう。なぜか断れないのですから、おもしろいものです（笑）。

空海はこの『般若心経秘鍵』でまったく新しい「空」の思想を示し、様々な教えの境界は取り去られて、この最後の真言によって一つになるというんです。全ての教えの境界を取ってしまえば、ここに行き着くんだよと言い切るわけです。
今までは全部違いばかり、比べて優位性を示すようなことばかりしていたんだけれども、そうではなくて、色々な違いを乗り越えましょう。乗り越えたら一つになります。それが真言です。その真言を唱え続けると、自分の存在そのものがその真言と一体化して、やがて全ての境界が外れますというんですね。凄い教えです。
ただ、このような解釈をされている方は、ほとんどいません。とても残念なことですが、空海が生きていた当時もいまも座っていないから分からない、頭だけで考えていては分からないことなのです。

尚子　空海さまの生きていらした時代も、皆さん座っていなかったのですか。

川田　空海はとにかく座れば全てが分かる、つまり三密瑜伽を非常に大切にするのですが、なかなか弟子は座らない、今だけのことではなくて昔からやっぱり座らなかったとみえます。

しかし、座らないことには、空海と同じ境地にはなれないんですね。そうすると真言密教を伝えようとしても伝えきれないわけです。じゃあどうすればいいのかというのを考えて、自分が座ったときにその周りに座れば、その人が自分と同じ境地になれるような場を求めていけばいいと分かるわけです。そして、それができるのが高野だと感じるのです。

高野には、高さ約1000メートルのところに長さが約5キロで幅が約3キロ位の台地があるので、そこで弟子と共に座れば自分と同じ境地になるに違いない。恵果阿闍梨のもとに1000人以上の弟子がいたことを考えると、自分のところにはどれだけ多くの人が来るか分からないが、それだけの広い場所があれば1000人でも2000人でも大丈夫だろうと思ったのでしょう。

尚子　それがいまの高野山なのですね。

川田　そうです。空海は書物を書くことはもちろん、様々なことで慌ただしくしている最中ではありましたが、嵯峨天皇に高野山をいただけないかと願い出ます。すると、20日もかからず、あっという間に聞き届けられるのです。

尚子　やっぱりご兄弟だからですね。

川田　空海は宮中ではすごい存在で、桓武天皇の子供だと知らない人は誰もいないですからね。

でも、すごいのはそこではなくて、だからといって天狗になることなく、宮中の人たちになにか困ったことがあれば、必ずそっと手を差し伸べる。しかもそれを自慢することも一切ないのです。だから、宮中の人たちは空海の願いならばと喜んで、一肌も二肌も脱いだというわけです。

◆最愛の弟子の死

川田　高野の土地を与えられた空海は、その1年後に十大弟子の実恵《じちえ》と先ほどの最澄の弟子だった泰範、この二人を高野山に登らせて、どこがどういう場所なのかきちんと見極めて、様々な準備を行っていきます。そして、その1年後にいよいよ空海自身が智泉《ちせん》とともに登ることになります。

尚子 智泉さまというのは、空海さまの甥にあたる方ですよね。

川田 空海の義理のお姉さんの子供です。空海がまだ僧侶になって間もない非常に若い頃から、空海を頼ってずっと側で修行をしていたのですが、ものすごく優秀な方だったのです。

空海と同じように、人に会うときにはそのものを受け止めて、一切の批判をしません。そして、空海がなにかをやろうとすると、先にパッと動く。空海がなにを考えているかということが分かってしまうほどの人でした。

さらに、芸術的なセンスにものすごく恵まれていました。後に高野山の核にあたる場所として壇上伽藍を造る時に、その柱に様々な仏を仏師たちが彫っていくのですが、全て智泉が描くんです。それも元の見本があってそれを見ながら描くのではなくて、その菩薩がここをこう描いてくれということを感じて筆がひとりでに動いていく、そういう非常に天才的な方です。

その智泉とともに高野山に出向いて、弟子たちと一緒に座ってみると、自分が深い瞑想状態から覚めたときにパッと周りを見ると、一緒に座った人たちが同じ境地に立っていることがパッと分かるのですね。それで、ああ、ここを選んだのは間違いなかったという形で安堵するわけです。

尚子　それにしても、あんなに高い場所にあれだけの建造物を造るのは、本当に大変なことだったのではないでしょうか。高野山を訪れた時に、先生とはせくらみゆきさんと3人で乗ったケーブルカーの傾斜がすごくて、とても驚いたことをよく覚えています。

川田　高さ1000mものところに資材を運ぶというのは大変なことです。当時は川を使って山の上に上げていくしかなく、なるべく山に近いところまで上げようということで、ちょうど今の不動山、九度山の慈尊院があるところを高野山の表玄関、政所としました。

尚子　慈尊院といえば、後に空海のお母さまである玉依姫が来られるところですよね。

川田　そうですね。余談になりますが、空海は阿刀大足の次男、元忠をその政所の別当に据えて世襲制とします。長男はというと、東寺をいただいた時にその別当としてこれも世襲制とし、今までずっと続いています。大足というのはとてもお世話になった玉依姫の弟ですから、空海はそのことに報いるために息子たちの面倒を見ていくのですね。

話を戻しますと、高野山というのは冬が早く春が遅いのです。だから、とにかく急いで山の上に物資を運ばなければなりません。様々な工夫を凝らしながら人間の力で上げるのですが、この段取りをすべて行っていくのが智泉なのです。

智泉がその天才的な能力を発揮することで、高野山は少しずつ整備されていくのですが、空海個人のお寺ですから国からの援助があるわけではなく、資金的に大変難渋するわけです。たとえば、伽藍は大蔵経と金剛頂経の二基を造りたかったのですが、空海の在世中には一つしかできませんでした。

智泉は春から秋にかけて、資材や人材の確保、そして資材を引き上げたり建物を造ったりする陣頭指揮に立つなどして、本当に大変な役割を果たしていきます。しかも、それをしながら先ほど言ったとおり、菩薩を描いていくわけです。そんなものすごく過酷な生活を続けているうちに厳しい冬がやってきて、ついに智泉は体を壊してしまいます。しかし、それでも空海の念願叶えるべく、まさに命を削って菩薩を描き続けるのです。

尚子　空海の想いがしっかり伝わっていたからこそ智泉さまは懸命に描き続けたのでしょうね。

川田　その時空海は都にいたのですが、言いようのない不安に襲われます。こんな胸騒ぎは今まで経験がない、高野山で何かあったに違いないということで全ての仕事を投げうって山に登ると、智泉はいつもと変わらず柱に菩薩を描いている。しかし、よく見るとひどい咳をしながら描いているのです。

そして、空海がそばに行くと智泉は「お師匠様」と言ったきり、涙が一筋流れて、そこからはもう言葉になりません。空海はとにかくすぐに休むよう言うのだけれど、「時間がないのです」と言って描き続けようとする。

ところが、描き続けようにも高熱で、もう目の焦点も定まりません。後になってから胸が悪いということが分かるのですが、当時は全く分かりませんからね。とにかく、実恵や泰範が抱きかかえるようにして柱から下ろして静かに寝かせます。空海はずっと付きっきりで、頭を冷やしながら念仏を唱えているとスヤスヤと眠ってね。ところが、しばらくすると小さく目を開いて「お師匠様」とたった一言、そのままコトンと逝ってしまうのです。

尚子 空海が弟子の中で最初に伝法灌頂を与えたのが智泉さまなのですよね。

川田 そうです。それほどすばらしい人だったのですから、空海にも智泉が即身成仏していることはすぐに分かります。それは大変おめでたいことなのですが、かけがえのない最愛の弟子を失った空海にはそのように受け入れることはとてもできなくて、辛くて悲しくて、もうどうすることもできない。

この時の心情をあらわした詩があるのですが、これはぜひとも読んでいただきたいです。胸が張り裂けんばかりの慟哭が伝わります。

哀しい哉《かな》　哀しい哉
哀れが中の哀れなり
悲しい哉　悲しい哉
悲しみが中の悲しみなり
哀しい哉　哀しい哉　復《また》哀しい哉
悲しい哉　悲しい哉　重ねて悲しい哉

亡弟子智泉が為の達嚫《たっしん》の文（『性霊集』巻八）

尚子　初めてこの詩に接した時、空海さまの悲しみ苦しみがありありと伝わってきて、涙があふれて止まりませんでした。
そして、自分を許し認める、素直に感情を認めるとはこういうことを言うのかと、しみじみと感じました。空海さまがこの詩を私たちに残してくださったことは、本当にありがたいことだなあと思います。

川田　私がなおちゃんのことを心の底から尊敬するのは、一緒に生きていくことを信じて疑わなかった最愛のご主人の突然の死に際して、悲しんで悲しんで悲しみぬいて、そしてこの空海のような心境に自ら至られたというところです。
そして、その後も小さな息子さんとともに、しっかりと生きてこられた。それを思うと私はとてもじゃないけれども、この人にはかなわないと感じたものです。

尚子　そんな、ただただ目の前にあることに向き合ってきただけなのに、お恥ずかしいことです。
ただ、この時の空海さまのお気持ちは、私なりに、ほんの少しですが分かるかもしれません。主人が亡くなってから、川田先生はじめたくさんの皆さまに助けていただきながら、現実や感情に向き合うこと、素直に気持ちを表現することで、私は少しずつクリーニングを進めてきたのだと思います。

そうするうちに、もう今生では、肉体として会うということができないということはとても悲しいことだけれど、いまの私と彼は一緒にいる期間を終えて一体となってここに在るんだということがありありと感じられるようになりました。それにつれて、主人のことを話すことはあまりなくなりました。忘れたからということではなくて、わざわざ言う必要がなくなったんだと思います。

川田　まさに、乗り超えられたのですね。

尚子　そのうえで思うのは、これはきっとどんなことに対しても言えることなのですが、起こりくる感情というものは、大きなものであればあるほど魂の磨かれる出来事に出会えたということなのであって、決して悪いものではありません。でも、最初からそんなふうに達観できる人はなかなかいないというか、空海さまでさえ難しいほどハードルの高いことなのだということです。

そんなことは思ってはいけないなどと心に蓋をすることなく、その都度感情と向き合ってひとつずつクリーニングしていくしかないのだろうと思います。それすらも難しいほど辛くて、時間がかかることもあるのでしょうけれど、それができた時には、感情というエネルギーには良いも悪いもなく、魂を磨いて昇華され、宝物となって宇宙へと帰っていくように私は感じています。

川田　そのように宇宙を信頼することが、宇宙からサポートが入る条件なのでしょうね。

尚子　まだまだ未熟なのですが、心意気を買ってくださっているのか、サポートいただいているなと感じることがよくあります。見合った自分であることができるように、しっかりと生きていきたいと思います。

そういえば、智泉さまのことを思う時に、先生が教えてくださった智泉廟のことが思い出されます。

川田　ご一緒にお参りしましたね。高野山の真ん中にある壇上伽藍は手入れの行き届いた杉の木立に囲まれているのですが、智泉廟はなぜかその杉の外側にあるのです。どうして、その中に置いてくれないいんだろうと、あの場に行くと涙が出て止まらないのです。

尚子　ご一緒した時も涙ぐまれていて、切なくなりました。

川田　志半ばで倒れてはいますが、今の真言密教があるのは智泉の影響がものすごく大きいのです。廟の前に立つと、咳き込んでしまって非常に苦しくなります。智泉は結核で亡くなったんだということが、その時にはじめて分かりました。天才でありながら、周りの人のこともきちんと考えられるすばらしい人だったということもありありと伝わってくるのです。

高野山に行かれたら、ぜひお参りしていただければと思います。

◆空海の一番やりたかったこと

川田　空海は智泉という、絶対的な後継者ともいえる弟子を失って本当に落ち込んでしまうのですが、いつまでも感傷に浸っているわけにはいきません。
　当時の日本は、雨に恵まれずに飢饉に見舞われるようなことが度々ありました。ところが、呼び出された空海が密教による雨乞いである「請雨法《しょううほう》」を行うと、1週間位で一斉に雨が降って飢饉が解消されるというようなことが何度もあったのです。

尚子　空海さまは多忙を極めているにもかかわらず、雨乞いだけでなく様々な依頼に快く応じたといいますね。

川田　空海はそうやって自分の教えを広めるようとするばかりではなく、その教えに基づいて、多くの人たちのためになるようなことに尽力する人だったのです。
　そういった社会的な活動の中でも、一番有名なのは香川県の満濃池の修復でしょうね。

満濃池は周囲20㎞ほどもある大きな湖のような灌漑用の溜め池なのですが、そこが絶えず決壊する。どんな専門家が行っても、何年かかっても修復できないということで、空海が派遣されることになるわけです。

空海は弟子を一人だけ連れて行くのですが、空海が来るということを聞きつけた地元の人々が続々と集まってきます。多くの民衆を前にした空海は、「これから私は皆さんが修復をしている間中、完全に修復が終わるまで皆さんと一緒に祈り続けます」と言って、大きな護摩壇を築き、そこでお祈りを始めるわけです。すると、この姿に感激した多くの人たちが猛然と働きだして、3年かかっても全くできなかったのが、わずか3カ月で完成してしまったんですね。たしか、821年のことです。

尚子　空海さまは治水のこともよくご存じだったのですね。

川田　空海は唐に行ったときに船で様々な運河を通っていて、実はその時に唐の最先端の治水技術をしっかり見聞していたのですよ。満濃池の修復が終わった1年後には今の神戸港の改修工事もしています。

尚子　そうして、空海さまは官民双方からの信頼を得て、東寺をまかされ、日本の仏教全体を束ねるような存在の人になっていかれるのですね。

川田　それまでのお寺というのは、色んな宗派の僧侶が集まってその一つの宗派の勉強をするという形だったのですが、この当時としては非常に珍しく、東寺は50人の真言僧だけで運営しなさいをいうことでいただきました。

今でこそ東寺は京都駅のすぐ近くですが、当時は朱雀門のさらに南、京都でも随分外れにありました。これは桓武天皇が示唆されたことなのですが、それぞれの方位の端に東寺と西寺を設けてその両方から京都の全体を見守るという位置づけのお寺だったのです。

ところが、飢饉がずっと続く中で、お金のかかるお寺の修復が全くできなくなってしまったのです。そこで、これを空海に与えれば、彼が修復してくれるに違いないということになったようです。

尚子　では、空海さまもずいぶんご苦労されたのではないですか。

川田　いやいや、真言密教を根底からきちんと体系付けて、これを民衆に広めることができると空海は非常に喜ぶのですよ。

そうこうするうちに、淳和天皇の時代となるのですが、淳和天皇は仏教の様々な宗派、教えをまとめて提出しなさいと命じます。空海はそれに応じて『秘密曼荼羅十住心論』、という大がかりなものを仕上げるのですが、あまりにも膨大で天皇といえども読みきれないので、もう少し簡略に示してくれということであらためて書き直したものが『秘蔵宝鑰《ひぞうほうやく》』です。

これは人間の心を10段階に分け、煩悩にまみれた非常に稚拙な段階から、徐々にレベルが上がっていって、最後は真言密教の境地である仏の位まで変わっていけるということを示したものです。

では、仏になるというのは一体どういうことかというと、人間というものは良いところばかりではなくて、悪いところ嫌なところも色々抱えているけれど、そういうもの一つずつクリアしていくと、最後はすごい存在になれる。すごい存在というのは、全ての境界が取り払われている存在のことですよ、と言い切っているのです。人間は10段階目の仏になると全ての境界を外した存在になって、全てのものと全ての違いを乗り超えて一体化できる存在になれます。そして、この状態が実は即身成仏なのです。

ただ、空海は一人で抱え込んでそこまでの境地に至らなくてもいいんだよとも言うんです。すなわち、真言密教が目指すのは、一人が完璧になるのではなくて、みんなで、全ての存在で、違いを乗り超えて一つになって輝いていきましょうということなんです。そういう世界を目指していこうと、これが空海の一番やりたかったことなのですね。

尚子 なんだか、お聞きしていたら空海さまの思いが染み込んでくるのか、胸のあたりがふわっと温かくなります。空海さまがあらわされた宇宙というのは、どこまでも寛容なものなのですね。

川田 本当にそのとおりです。いまのなおちゃんには空海さまの想いが、ありありと伝わるのですね。

ところが、当時はそうもいかなかったようで、それが分かるところがあるのです。この『秘密曼荼羅十住心論』と『秘蔵宝鑰』はほぼ同じ内容なのですが、冒頭の序文と最後のところがまったく違っているのですよ。

尚子　簡単にしたものだという認識しかなかったのですが、どう違うのでしょうか。

川田　『秘密曼荼羅十住心論』では、最後の仏の段階になるとどういうふうになるかということだけが書かれているのですが、『秘蔵宝鑰』では、じゃあその仏の段階になるためにはどうすればいいのかということで、瞑想の話が書かれています。

空海は、仏の心境になっている人であれば、どこに目を通すのかをよく知っているのです。『秘蔵宝鑰』の前文は詩で表現されているのですが、実はその詩の中に欠文があるんです。この欠文については色んな見方があるのですが、じっくりと読んでいくと、ここにはおそらく瞑想の大切さを表すような重要な一文が入るということが分かります。

これはどういうことかというと、当時、どうも座らなければならない僧侶たちが座っていなくて、それを嘆いてわざと欠文にしたようなのです。

尚子　つまり、きちんと座っていれば、その欠文にも気づくはずだということでしょうか。

川田 そうですね。しかし、座っていないからそこをきちんと読み取れない、そういう方が多かったらしいのです。真言密教において最も大切なのは座ること、瞑想すること。瞑想すると、仏はなにを思っているのか、仏に対して自分はどういう関係でありたいのか、そういう関係性が全て分かる。それなのに、皆が座らないことを嘆いて、それが欠文になって出てくるんですね。

いまこうして空海に触れている私たちは、空海が最も大切にした座ること、瞑想することをしっかりとやっていきたいものですね。

尚子 空海さまが学校を創られたりしたことにも、空海さまの想いが感じられますね。

川田 綜芸種智院《しゅげいしゅちいん》のことですね。

藤原三守《ふじわらのただもり》から東寺の近くの広大な土地をもらい受けて、貧富や身分にかかわらず、あらゆる思想・学芸の総合的な教育の機会を提供できる学校を創りました。

それから、大きな建物が五つあるのですが、そのうちの一つは病院にします。病院といっても薬は全て薬草です。教育も大切だし、体そのものを健康にしていくことも大切です。空海にとっては、これらも真言密教の大切な仕事だという位置づけなのですね。

尚子　それにしても、ものすごい仕事量です。

川田　教材になるような辞典や漢字の本も作っています。『文鏡秘府論《ぶんきょうひふろん》』という文章の書き方の本もあります。ものすごくぶ厚くて、なかなか読めないのですけれどね。

◆いまも祈り続ける弘法大師空海

川田　そのあと空海は様々な功績を認められて、淳和天皇から仏教界の頂点である大僧都という地位にまで上げられるのですが、わずか数年後には体を壊してしまいます。癰《よう》、つまり大きなおできが体中にできたのです。これは若い頃に山林修行をした時、丹生の里に入って生活しましたよね。おそらくそういう影響が出たのではないかと思います。

そこで、空海は大僧都を辞めさせてくださいと淳和天皇にお願い申し上げるのですが、勅答によって退けられます。真言密教はまだ広まってきたばかりだし、あなたを求めている人が多くいるのだから、しっかり養生してそれに応えなさいということです。

尚子 空海の望みが退けられたのは、これが初めてなのですよね。

川田 しかし、空海は自分の死期を悟っていますから、なるべく高野山に入って都から遠ざかるようになります。そこ高野山で瞑想にふけって、自分の存在、今までやってきたことを顧みて、これでよかったのか、やり残していることはないか、まだこれからやれることはあるか……、というふうに整理していくのです。

そうすると、手を打たなければならないことが山積しているので、さらに瞑想していくことによって、何をいつ、どういう順序でやればいいかということをことごとく見ていく。そして、余命いくばくもない自分を奮い立たせて、次々に具現化していくのです。

まず高野山、今でこそ金剛峯寺といえば一つですけれど、当時は高野山にたくさんあるお寺全体を指して金剛峯寺と呼んでいました。それらが一体どうなるか。それ以外にもすごい数のお寺がありますから、そういうところにいるたくさんの弟子たちは生活できるのか。
　この問題を解消するために、高野山全体を国が出資をして面倒を見る定額寺《じょうがくじ》という寺格にしてもらえるよう願って、認められます。それから年分度者《ねんぶんどしゃ》といって毎年、国が決まった人数のお坊さんを認めて給料を出していく制度があるのですが、真言密教のお寺でもその制度をきちんと認めてもらって、弟子たちの生活が困らないように取り計らいました。

尚子　こういったことがどんどん認められていくことは、ふつうは考えにくいですよね。

川田　多くの学者は、空海が当時の天皇と絶えず親しく交流していたために、特別庇護されて望みが叶えられたんだという見方をしがちですが、それは全くの見当違いです。ほとんど表に出てくることはありませんが、空海が当時の宮中が抱える様々な問題に対してできうるかぎりそっと手を差し伸べて、関係する人たちが満足できるようなことをきちんとやり続けたからこそのことなのです。
　そういったことをやりながら、高野山では萬燈萬華会《まんどうまんげえ》という法要が行われます。この法要は、万の灯りと万のお花を全ての仏様に供え、国土の安寧と人々の幸せを願うものとして、いまもずっと続いています。

空海はこの時、「虚空尽き　衆生尽き　涅槃尽きなば　我が願いも尽きん」、つまり生きとし生ける生命の全てが救われるまで私はここで祈り続けますという、非常に大きな願文を唱えました。天長9（832）年ですから、もう本当に晩年ですね。これが終わると、空海はいよいよ穀断ちに入ります。いよいよ自分はもう亡くなるっていうことを決意するわけですね。

尚子　穀断ちというのは、穀類を一切食べないということですね。この状態で2年以上様々なことに尽力されたというのだから、本当にすごいことだと感じます。

川田　空海は神頼みしない、神様に任せないんです。全幅の信頼を寄せながら、自分でやりきる。人生残り4か月というところで、真言密教が残り、広まっていくような仕組みをつくってしまったのです。

宮中ではお正月の最初の一週間は宮中でのご神事を行います。そして、8日から一週間は仏式の儀式を行う。これは律令制度で定められていることなのですね。当時この儀式は大乗仏教の人たちが行っていたのですが、なんと空海は入定する年のお正月に、大乗仏教では仏の言葉、つまり真言がないということで真言密教で行うことを奏請し、わずか10日で認められます。

こうして、お正月の8日からの一週間、宮中に造営された真言院において天皇の安寧や国家安穏を祈る秘法を修する後七日御修法《ごしちにちみしゅほ》が始まります。律令制度の中に組み込んでしまうことで、真言密教は完全に宮中の生活の中に溶け込んでいくわけです。

尚子　法律というのは、支配をするためのものという感覚がありますが、空海はそこにみんなのためになるようにという祈りを組み込んだのですね。

川田　そうです。律令制は明治維新まで続きましたし、明治になってからは廃仏毀釈による短期間の中断の後、東寺に場所を変えていまでも続けられています。

そこまでやりきった空海は、いよいよこの世を去っていくわけですが、それに際して高野山全体を真然に任せます。

尚子 真然さまは空海の十大弟子の中には出てきませんが、出自がはっきりしない方なのですか。

川田 資料を色々と調べてもどれも不完全で、きちんと分かるような文献が一切ないのです。やむを得ず、空海の養父の佐伯直に聞いてみると、空海の甥にあたるのだけれども、正式な奥さんの子供ではなかったために世の中に出せなかったということでした。

空海はそういうことを知ったうえで、過酷な仕事に耐えられる強靭な精神を持った弟子として真然に高野山を任せたのですね。

尚子 空海さまは荼毘にふされたという記述もあるそうですが……。

川田 それは違います。空海は入定という形を取りました。835年3月21日に63歳で亡くなられます。

萬燈萬華会の後、穀断ちをして、体は弱りながらも弟子たちの面倒を見ながらやるべきことをやっていくのですが、最後には水断ちをします。なんと水断ちした状態で1カ月以上過ごすのですが、ちょうど自分が亡くなる1カ月前にお母さんの夢を見て、「ああ、お母さんが亡くなったな」と確認します。そうして、本当に全てをやりきったということで亡くなっていくのですね。

尚子　唐に行きたいとお母さまに告げられた時のことが思い出されます。空海さまはお母さまの思いにもきちんと応えられたのですね。

川田　すごいことですね。

その後、空海が日本の仏教というか、社会全体に与えた影響は非常に大きかったということで、高野山は空海に諡号《しごう》をいただけるよう天皇に奏請します。ところが、なかなか認められず、空海が亡くなって86年経ってようやく、東寺と高野山のトップを兼任していた観賢《かんげん》という方が醍醐天皇にお願いをして、ここではじめて「弘法大師」という諡号をいただきます。

醍醐天皇の夢枕に立った空海が、衣がぼろぼろになったので新しい衣をいただきたいと申し上げたということで、観賢に新しい衣を与えて高野山に向かわせたのですね。観賢が弟子を連れて奥の院の御廟に進んでいくと、空海はちゃんと座禅を組んでそこにいらした。ただ、髭がぼうぼうと生えて、髪の毛も伸びて、衣もよれよれだったので、きれいに拭いて、髭も頭も剃って、衣も新しくして、そして御廟を閉じて出てきたということです。

尚子 この出来事が、入定信仰という形でずっと今まで伝わってきているのですね。先生とご一緒に奥の院に行った時、ちょうど空海さまのお茶の時間ということで維那《ゆいな》というお世話係のお坊さんが霊廟の前の燈籠堂の中で、お茶を差し上げるのを見て、とても不思議な気持ちになりました。

川田 あの時間は、何もかもが特別な計らいの時だったのでしょうね。当時の観賢の言葉が事実であるかどうかは分かりませんが、入定した空海はいまもなお、座禅を組み祈り続けているということですね。

◆真名井御前との出逢い

尚子　高野山に行った時といえば、忘れられないのが、壇上伽藍の敷地内にあった小さな神社にお参りした時に、空海さまと「空海さまが愛する方」のエネルギー、二つの螺旋の光が絡まりながらまっすぐに天へと伸びていったあの光景のことです。

あまりにも美しく衝撃的な出来事だったので『新生地球の歩き方』の一番最後ですこしだけご紹介したのですが、「空海さまが愛する方」というのは、真名井御前のことですよね。

川田　そうです。空海と真名井御前とのあいだに起こった出来事は、まさに「知られざる空海」と言えるでしょうね。歴史に影響を与えたわけではないのですが、空海自身にとっては人生最後の最も大きな出会いであり、出来事であったと言っても過言ではないでしょう。

尚子 調べてみると、小さな神社は御社《みやしろ》といって、もともと高野山にいらした天照大神の妹神とも言われる丹生明神（丹生都比売大神）がお祀りされているとのことでした。空海さまが高野山に来られたことを喜ばれたと言われていて、空海さまも大切にされあの場所にお祀りされたのだそうですね。

川田 そうですね。真名井御前はもともと巫女でしたから、そこにエネルギーとしてあらわれたのでしょう。

尚子 籠《この》神社の神官海部氏の娘で厳子《いつこ》さまというお名前だったそうです。彼女は10歳の時に京に出てきて、その頃に空海さまに出会っていたという説もあるそうですが、20歳代の時に天性の美しさを淳和天皇に見初められて第四妃として迎えられ、故郷にちなんで真名井御前と呼ばれました。

川田 真名井御前は美しいばかりでなく、巫女ですから生きている世の中の世界、それから死んだ後の世界、両方の世界がことごとく分かります。それを上手にお話しするものですから、淳和天皇はぞっこんで、その寵愛を一身に受けるわけです。
しかし、そうすると当然、他のお妃たちの嫉妬の渦に巻かれてしまって、真名井御前はそれが嫌でたまらない。なんとかここを出たいと願うのですが、淳和天皇が首を縦に振るはずがありません。

尚子　それでも、なんとしても出たいということで、尼さんになろうということになったのですね。

川田　どうすれば尼になれるだろうかと思っていたところ、橋渡しをしてくれる人がいて、ついに空海にお願いをすることになりました。
真名井御前の真摯な願いを受けた空海は、いまの兵庫県西宮市の甲山にあった荒れ放題の小さなお寺を弟子たちに全部修復させ、何人かのお付きの人も一緒に生活できる場を設け、そこにお連れします。

尚子　神呪寺《かんのうじ》ですね。お付きの人も出家して如一、如円と名乗ったのですが、彼女たちは和気清麻呂の孫娘だったそうです。

真名井さまは、そこで3年間の修業をされるのですね。

川田　真名井御前は東寺に行って空海に会い、尼僧になるためには、どのようにどんなことをやればいいのかということを聞いていきます。そして、神呪寺に戻って空海に言われたとおり経典を読んだり瞑想したりと、きちんと実行に移していくのです。当たり前のことのようですが、これがなかなかできない。本当にすごいことです。

尚子　自分に置き換えてみるとすごくよく分かります。もしかすると、一番難しいことかもしれません。

川田　まったくそのとおりです。ところが、そうやってきちんとやっていくんだけれども、やってもやっても人間としての色んな感情がとめどなく出てくるのです。嬉しいことも嫌なこともどんどん思い出されて、とても空海に言われた真理をそのまま受け止められるような自分ではないんですね。

尚子　これも分かる気がします。空海さまのおっしゃるとおりだと思って、学んだとおりにがんばってみるのだけれど、それでひとつクリアしたと思ったら、その奥にあるダメなところが見えてくるという感じではないでしょうか。私はいつもその繰り返しです。

川田　みんなそうですよ。でも、実はその繰り返しこそが、人間としての成長に他ならないのです。その頃の空海はすでに体力的にはとても辛くなってきていたのですが、そんな彼女の素直さに打たれてなんとか力になろうとしていきます。

壁にぶち当たるたびに空海に会いに東寺に赴き、空海がそのような思いはこういうふうに捉えるのですよと教えていく、そういうことを繰り返しながら真名井御前はどんどん成長していきます。

尚子　そうして真名井さまは出家して如意尼となるのですね。

川田　この時、空海が甲山に行くこともあったのですが、ずっと一緒にいて差し上げることは叶いませんので、桜の大木で如意輪観音をつくって、それに手を合わせなさいと言います。そこで悩みや思いを伝えたら、如意輪観音が全て受け止めてくれますよということですね。

如意輪観音を見た真名井御前は、そのあまりの美しさに「私はこういう存在になりたい」と願います。そうすると空海は、「あなたなら即なれるでしょう」と応えて結縁潅頂《けつえんかんじょう》を与えるのです。

尚子　結縁潅頂は伝法潅頂とは違うものなのですね。

川田　違います。結縁潅頂はその人に合った仏との縁をつなぐための潅頂で、誰でも受けることができます。

潅頂を授ける側というのは、魂の本質が見えるのですが、真名井御前の魂は、深い悩みを抱えてもっとドロドロしているだろうと思ったら、逆にこんな人がいるのかと驚くほど魂の本質が純粋で美しくて、空海は感激してしまいます。そこで真名井御前は、まさに本当の観音菩薩になってしまったのですね。

◆信じるということ

川田　どんどん成長していった如意尼は、やがて空海という人が自分が思っていたよりもはるかにすごい人だということに気づきます。空海の信じられないほどの純粋さに気づくのです。

尚子　純粋さですか。

川田　そう。じゃあ、一体「純粋」とは何かというと、先ほどお話しした「囚われがない」ということです。ところが自分はというと、囚われてばかりいる。なぜこんなに違うのだろう、この囚われの原因は何なのですかと空海に尋ねると、「自信がないからです」と。

自信があれば、自分を信じ認めることができていれば、もっと自分の奥深いところに行ってみた時に、ドロドロした嫌なものがあってもいいではないかと思うことができます。そうすれば囚われることなどなくなりますよと言うんですね。

尚子　それができたら、嫌なところが出てきたとしても、もう悩みではなくなるということですね。

川田　嫌なところは囚われる必要のあるものではないし、悩みでもない。それでもいいんだということに気づくのです。ここで真名井御前がまたはっきりと変わりはじめます。

尚子　では、自分を信じるというのは、どのようにしたらできるのでしょう。

川田　これは先ほどと逆のことを考えれば分かります。

人が何かを信じるには、そこに至るまでにいろんな事があります。相手の人間性、自分の人間性、社会の関係性、いろんなものがあって信じるに至る。信じられない時も同じですね。いろんなものがあって信じられないということになるわけです。

それを全部ズタズタに切ってしまうんです。切って切って何にもない状態にしてしまう。そして、その何にもなくなったところから、それでもその存在に対して何か新しく芽生えてくるもの、それが「信じる」ということの本質だというのです。

尚子　信じる根拠が何にもなくなったところからということですか。

川田　そう。何もないところから新たに出てくるもの。それが信じるということです。

尚子　ああ、そうか。空海さまは、そのように囚われのない心をもって真名井さまを見つめて、その真名井さまの本質を信じていらっしゃったのですね。良いこと悪いこと、過去の何事を聞いても聞かなくても、あなたはそれでいいと。

　そして、そのようにして自分を見つめることが、自信を持つということなのですね。

川田　それからね。人を好きになることも同じだよと言います。そこに至るまでの過程にいろんな関係が出てきて、それで好きだと思うんだけれども、そういうものをいったんすべて捨ててしまうんです。

　それでも新しく好きだという思いが芽生えてくる、これを大切にしなさい。それをそのままそのまま育てなさいと教えるのですね。

尚子　まさに、無条件の本物の愛ですね。

ここまで、境界を取り去った世界が「空」なんだよというお話をしてきたのですが、名前や個性や過去といったその人を形づくる境界がないと三次元にその人として存在することはできません。もしかすると、その境界が息苦しい檻のようになってしまっていることが、「囚われている」ということなのではないでしょうか。

そして、その檻を本来の状態に戻すのが、きっとクリーニングなんだと思います。真名井さまにとっては、空海さまとの問答そのものが魂の曇りを晴らしていく大きくて劇的な浄化となったのでしょうね。


川田　そのとおりですね。

そんなやりとりの中でどんどん成長していった真名井御前は、女性なのだけれども伝法灌頂を望めるまでになっていきます。

そこで空海が信頼する弟子たちに是非を問うと、「如意尼さんは私たちよりも修行してきた時間は短いけれども、私たちが逆に学ばなければならないような凄いものをお持ちですから、伝法灌頂を差し上げてもよいのではないでしょうか」と答えます。

きっと、弟子たちもその真摯な姿に心打たれたのでしょうね。こうして真名井御前は、女性で初めて伝法潅頂を授かることになるのです。

◆男女の境界がなくなる時

川田 こうして空海は、真名井御前に伝法灌頂を差し上げるのですが、この時に髪をおろして尼の姿になった真名井御前の美しさに本物の仏を見るんですね。

そうすると真名井午前のほうも空海を見て、ああ、仏というのはこういう方のことをいうんだと思う。二人が同時におなじことを思うのです。

尚子 それは本当にお互いがお互いの鏡になった瞬間ですよね。お互いを仏として見る。だから、境界がなくなる。

川田 境界がなくなって、熱く早くなった鼓動が同期するんです。言葉はありません。すべて分かってしまう。伝法灌頂というのはそういうものなんですね。差し上げるときに魂と魂がつながって、相手がどんな心境なのかも、自分がどういう状況なのかもお互いに全部分かってしまいます。

そこで二人はその思いを一つの形に表現し直したんです。完全にひとつになって溶け合ってしまった。「人間に生まれてきてよかった」と魂の底から思える、もの凄い至福感です。

尚子　男女の差というのは、陰陽そのものだと思います。性の交わりというのは三次元でしか表現できない、エネルギーが交わり高まっていく美しい融合のかたちなのですね。

川田　そのとおりです。自然に、しかも物理的に境界がなくなるんですね。これを大欲といいます。

尚子　大欲？

川田　そう。大きな欲です。普通は小欲なんです。小欲というのは、どちらか一方が求めるものをいいます。特に男性というのは、小欲ばかりになってしまうからダメなのですよ。

尚子　ひょっとすると、それで高野山は女人禁制なのですか。女性は不浄なものだからというような話をよく聞きますが、いつも違和感がありました。

川田　そう。女性が不浄だなんて、とんでもないことです。女性が入ってきてしまったら、男性は修行なんてできないのです。

尚子　でも、それは女性の側も同じですよね。嫉妬したりしますし。

川田　それは男性もありますよ。

尚子　だけど、それではは人間としてはどうしても片手落ちですよね。男女に分かたれていることを否定しているようなものだから。

川田　そのとおりです。空海も大欲は大切だと理趣経《りしゅきょう》に書いています。ちゃんと具体的な描写もして、男女の愛や性を清浄なる菩薩の境地であると肯定しています。

しかし、それは求めるばかりの小欲ではなくて大欲なのです。密教が行き過ぎて小欲のことばかりを云々する流れがありますが、そこが抜け落ちてしまっているのですね。空海はそうなることを懸念したのでしょう。

空海と真名井御前はお互いがお互いに仏を見て、大欲によって肉体的にも一体となることでお互いに本質的な幸せというものを体感するわけです。

尚子　この体験は空海さまでも、人生の最後の最後なのですね。

一人で望んで成せることではないからですね。真名井さまがあらわれてくださって、はじめて体感できたのですね。

川田　亡くなる前の年の11月のことですからね。

二人はお互いに、この世で会えるのはこれが最後かもしれないと思いつつ別れます。そして、別れたその夜から真名井御前はすっかり変わってしまうのです。空海がいま何をしているのか手に取るように分かるようになる。仏と仏が結び合うというのは、新しい世界をふたりで創る、新しい宇宙を創るということです。

尚子　空海さまは最後の3カ月間で信じられないようなご活躍をされますが、それはある意味、真名井さまとの共同作業なのですね。新しい宇宙から大きなエネルギーが創出されて、お一人ではできないことも、できていってしまったのでしょう。

川田　おっしゃるとおりです。意識が全部一緒になるので、離れていてもお互いのやっていることがお互いに全て分かっているんです。

1月に空海が水断ちを始めると、真名井御前も私もご一緒しますと水断ちをします。実は新しい命を授かっているのですが、その子と一緒に「あなたの一日先に行ってお待ちします」と言って、3月20日に亡くなります。次の日、空海はそれを知った上で「ご苦労様、私もすぐ行きます」といって向こうで会うのです。

尚子　会うのだけれど、魂の還る次元が違っていたために、すぐに会えなくなってしまったのですね。

川田　実は、あちらの世界では魂の次元、レベルが違うと会えたとしても、生活を共にすることはできないということは、空海でさえ知らなかったのです。

さまざまなレベルの人たちがこうして混然一体となって存在し、影響し合って成長できるのは、この地球だけなのですね。

◆空海の思いを受け継ぐ

尚子　そうして、1200年もの間別々だったお二人の魂が、はせくらみゆきさんの祝詞のエネルギーによって次元の壁を突き抜けて一緒になったのですね。

川田　本当にすばらしい場に立ち会わせていただきました。

尚子　でも、1200年という時の長さを考えると、なんというか……。言葉になりません。

川田　いまはお二人一体となって、この宇宙のために働いてくださっています。

尚子　それにしても、魂のレベルが違うと身体を離れた後に会えないというのは、本当に厳しいことですよね。

私はこのことを知るまで、前生とか過去生で一緒だった人と「また一緒に生まれようね」と約束して生まれてきたというお話がとても不思議だったのです。向こうの世界でも一緒なら、いくら魂を磨くためとは言っても同じ人と約束する必要はあまりないんじゃないかと思っていたのです。でも、向こうでは会えないのなら、一緒に生まれてこられるということは、ものすごく貴重なことなんですね。

川田　向こうは三次元の身体がないから、エネルギーの違いが実によくわかるのです。そうすると、ちょっと上の存在でもまぶしくてもう見えない。見えないのはないのと同じですから、どうすることもできません。それに同じレベルの魂が集まっているから、魂を磨いてレベルアップすることが非常に難しいのです。

エネルギーのレベルを大きく上げることができるのは、肉体を持っているこの世だけなのです。そのぶん逆にドーンと下がってしまうこともあるのですけれどね。

尚子　そうですよね。ちょっと傲慢な自分に気づくたびに、下がってないかなあと心配になります。

川田　傲慢な自分に気づけている段階で、むしろエネルギーは上がりますよ。

ひとつ覚えておくといいのは、どんなに優れた高次元の存在であっても、分かった！とか、できた！と思う瞬間は最もエネルギーが下がる瞬間なんです。

尚子　向上するエネルギーが失われるということでしょうか。

川田　そうそう。そのときにすっと昂ぶっている感情を沈めて、拡大しているエネルギーを収めていって、整理して内省してまた次の課題を見つめていくような、そういう姿勢が非常に大切になります。

尚子　月の満ち欠けや潮の満ち引き、それから呼吸のような感じですね。どれも波になっていて、ピークの直後にベクトルが反転する。それが宇宙の仕組みということでしょうか。

川田　そのとおりです。空海はその仕組みを熟知していたからこそ、これだけのことを成し得たわけです。

尚子　私たちが、こうして時空を超えて空海さまのご生涯を目の当たりにしているということは、そのような生き方を目指していかなければならない時がきているということのように思います。

川田　まったくそのとおりですね。いや、空海と真名井御前のエネルギーに触れたいまとなっては、空海の思いを受け継ぐだけではなく、それを超えていかなければならないということなのかもしれません。

唐で空海に伝法潅頂が与えられた時、恵果阿闍梨には伝えなければならない膨大なメッセージがあったと言いましたね。このメッセージというのには、実は二つの曼荼羅でさえも表せない、つまり密教というものを超えた、もっと重要でもっと膨大なメッセージも含まれていたのです。

尚子 お互いの境界を取り去った「空」の状態となって、空海さまはそのすべてのメッセージを受け取られたのですね。

川田 ところが、そうやってメッセージを受け取ったものの、空海はそのメッセージを誰に伝えることもできないまま亡くなっていきました。

それが、1200年たってようやくにして伝えることができた。このことは、今までどなたも知らなかったことです。

尚子　いまの時代になって、ようやく受け取ることのできる人が出てきたということですね。空海さまも、こうして受け取る人が出てくる時代を待っていたのかもしれませんね。
それから、空海さまと真名井さまが一体となられたことにも、ただ良かったねということだけではない、大きな意味があるように感じます。

川田　そうですね。これについては、いずれ私にお伝えすることができる時がくればお伝えしたいと思います。
また、なおちゃんから語られてくることもきっとあるでしょうね。

尚子　なんだか、お話を深めていくうちに、その片鱗が見えてくるような予感がします。
こうして、空海さまのご生涯を追いかけて、それを深いところで理解したことで、いよいよ宇宙へと帰っていかれたいまの空海さまとの対話が始まっていくように感じられるのです。

第4章

宇宙の真理が変わるとき

◈すべての生命は光の存在

川田　こうしてじっくりと空海の話をなおちゃんとできることは、本当に嬉しいことです。ただ単に空海の生涯を追いかけるだけではない貴重な時間ですね。

それもこれも、なおちゃんが元気になってくださったからです。よくぞ戻ってきてくださいました。

尚子　一時はいつ臓器不全を起こしてもおかしくないというところにまでなったそうで、家族にもずいぶん心配をかけてしまいました。我ながら危ない橋を渡ったものだと思います。

ただ、自分が体調を崩したことで、いままでは残されて生きていく側のことしか分からなかったのが、身体を持たないあちらの世界のことが垣間見られたことが、とても大きな経験だったなと思います。

川田　しかも、なおちゃんは2回そういう経験をなさっていますからねえ。

尚子　この数年間で進んだ、急激な心や魂の浄化に合わせるように、身体が入れ換わるほどの浄化が起こったのだと思います。1回目は2014年の初夏に急性貧血で倒れたのですが、意識を失った後にとても柔らかくて温かな光に包まれているのが分かりました。

それで、その光の源の方に目というか、心を向けると、ものすごく大きくて、全体を把握できないくらいの光の球体があるのが分かって、同時にそこに向かっていけばいいんだということも直感的に分かったのです。でも、いざ進み始めようとすると、「ダメ！」という声が響いて、そこで意識が戻りました。

川田　きっと、あちらにいらっしゃるご主人でしょうね。

尚子　はい、私もそう思います。

2回目は救急搬送された病院で、全身けいれんを起こして意識を失って、そうするとまた光に包まれたので、前と同じ場所だなと思いました。ずっと続いていた痛み苦しみが嘘のように消えて、もう重くて指一本さえ動かせなかったのが本当に身軽になって、楽しくて嬉しくてスキップしながら歌を歌っているような感覚でしたね。

そして、その時に光の球体は宇宙の中心、温かな愛そのもの、魂の故郷であり、向こうへ行くことはそこへ還っていくことなのだから、喜び以外の何ものでもないということがはっきりと分かったのです。今度は誰にも止められなかったので、どんどん進んでいきました。

ただ、途中でふと「あれ？　まだあちらに還るのは早いんじゃないかな？」と後ろ髪を引かれるような感じがしたんです。このまま進んでいってしまうともう地球には戻れないような気がして、それは嫌だから戻ろうと踵を返したところで、意識が戻り、ドンッと身体の重みを感じました。

その後4リットルほども輸血して手術も受けたのですが、お医者さまが目を丸くされるような回復ぶりで1週間ほどで退院できてしまいました。

川田　本当によかったです。なおちゃんが体感された光の世界というのは、おそらく空海が体感していた影のない白光の世界と同じなのでしょう。心と魂の扉を開いて境界を外した白光の世界というのは、三次元に姿が現れる前のエネルギーの世界ですから、なおちゃんはまさに生まれ変わったとも言えるかもしれませんね。

尚子　たしかにそういう感覚はあります。ただ、思い返してみると、よく聞く臨死体験ではお花畑や三途の川といったお話が出てきますが、そういう具体的な景色は何も見えませんでした。

先生がよく教えてくださっている身体を離れるときの魂のレベルによって戻る場所が変わるということと関係があるのかもしれません。次元が分かれているという感じではなかったので、もしかすると地球の輪廻転生の仕組みから飛び出していたのかなとも思います。

周りにはいろんな色をした光がたくさんあって、その大きな球体へ向かう光、出てくる光がありました。いま思うとあの光の一つひとつが分かたれた魂だったのだと思います。

川田　まさにそのとおりでしょう。

そのすばらしい体験から様々なことが分かるようになったわけですね。もう何でも分かるだろうし、怖いものはないのではないですか。

尚子 そんなことはないですけれど、少なくとも死に対する不安はなくなって、すべての生命は光の存在なんだということが確信として分かるようになりました。そして、その光には一つとして同じ色、強さ、かたちのものがないということも分かりました。

それから、何よりも大きいのは、深い瞑想に入っていくと、その白光の世界に行けるようになったように感じるのです。そこへ行くと本来の自分に戻れるのか、悩んでいたことの答えがスッと分かるか、分からない時にもいまは違うんだなあと悩む気持ちがなくなり、心が軽くなるから不思議です。

川田 すごいなあ。それは完全に宇宙からのサポートが入っているのですよ。魂のレベルが大きく進化すると、人というのはここまで変わるものなのですね。

◆白光の世界から見えるもの

川田　そういえば、以前から私が相手の方をイメージするとその人の魂の状況がパッと分かるとよくお話しするのも同じことですよ。
　白光の世界でその方をイメージすると、その人の本質、魂の状態がとてもよく分かるんです。まず、白光の世界である人をイメージする。そうすると色が付くんです。

尚子　私が見た、あのきれいな色の光ですね。

川田　そうそう。そこに、イメージでその人の三次元の身体を重ねてみるんです。すると、魂の位置があるべき本来とずれている人は色がくすみます。ずれていない人はその白光の時空間と同じ色になるから、色は変わりません。
　ずれている人というのは、魂が曇っている状態か、あるいは肉体か感情か、どこかで無理をしているということになりますね。

尚子　先生とお話ししていると、いくら元気にふるまっても良い格好をしても、体調の良し悪しや精神状態、魂のレベルに至るまでみんなお見通しなんですよね。
最初のうちはお話しするのが恐ろしかったのですが（笑）、結局ありのままの私でいるしかないと気づいてからは、良い格好をする必要がなくなって逆にのびのびと楽しくお話しできるようになりました。
それに、どんな魂もレベルの高い低いに関係なくみんな変わっていくものなので、ダメな時はダメと認めて、そこからまた始めていけばいいいんだなと思うようになりましたね。

川田　そうするとものすごく楽になりますよね。人間というものは何があってもいい。囚われるのではなく、また卑下するのでも傲慢になるのでもなく、肯定するということです。

尚子　まさに、空海さまが教えてくださったことですね。
クリーニングが進んで囚われることがなくなってくると、空海さまと同じように出来事や起こってくる感情、何より自分自身を宇宙の一部として認められるようになるのだと思います。

そして、それができるようになってくると、まず、物理的にお話ししたりできなくても、大切な方とは必ずつながっているんだという安心感が生まれるように思います。

そして、必要なことが勝手に起きてくるようになるようです。その方とお話しする必要があれば、お電話する用件ができたり、かけるとすぐにつながったり、すぐにお会いできるようになります。お会いしたくても難しい時は、誰が悪いのでもなくその時ではないというだけなんだということ分かると、ものすごく楽なりますね。

川田　必要な方と最善のタイミングでつながるようになります。会えない時には徹底的に会えませんし、もっと言えば、時期が来たらこの人とはもう関係性が終わるなというのも分かってしまいます。

尚子　厳しいなあ。

川田　ある程度まではご一緒するんだけれども、自力で走れるかどうかというのがありますからね。そこから先はご本人の問題だから、それ以上手を出しても意味がないのです。

尚子 でも、そうやって自分が決めたことなのに、「見捨てられた」なんていうふうに悪く言う人もいますよね……。ああ、でもそれはこちらにも「見捨てている」という気持ちがあるからですね。

川田 ご名答です。でも、見えてくれば大丈夫ですよ。そもそも、そういうことをおっしゃる方と出会いたくても出会えなくなっていきますから。

そして、この白光の世界から見ることができることが、すなわち「第三の目」が開いた状態ということなのです。

尚子 あっ！もしかすると先生がプロデュースされた「真美鏡」（株式会社トータルヘルスデザインにて販売）はその「第三の目」が関係しているのではないでしょうか。たしかに自分が映っているのですが、何かちょっと違ったふうに感じられるんです。

川田　そうですよ。あれは実は「第三の目」が開いた本質的な自分の姿を見ることができる鏡なんです。鏡というのは通常、自分の顔に光が当たって、顔の表面から光が反射することで顔が映し出されるという仕組みです。真美鏡は、長年私が研究してきたミネラル（金属元素）の応用によって、その光の反射をゆがみのない美しい状態にすることで、「美しい自分」が映し出されるようになっているのです。

１分位見ていると、これから変わっていく自分の姿が見えたり、変化がスピーディーになる方もたくさん出てきて、とてもおもしろいですよ。

尚子　鏡が古今東西、不思議な力をもつ神器として大事にされてきたのも、自分を見つめることができるアイテムだからなのでしょうね。

神社の社殿には必ず鏡がありますが、その鏡は参拝する人が自分の中にある神性を思い出し、自覚するためのものと言われます。よく「かがみ」の真ん中の「が」、つまり「我をとる」と「かみ」になると言うのですが、この「我をとる」というのは、自分を否定したりなくしたりするということではなくて、魂の曇りのない本質的な自分に気づき、その美しさを認めるということなのですね。

川田　まさに自分自身の光を見るということですね。

手始めに姿見を置くといいですよ。一気に変わります。姿見をしっかり見ていくと、自分の欠点が何なのかがパッと分かるんです。そして、どう修正すればいいのかも分かります。

尚子　そういえば、このお仕事をするようになって人前に出ることが多くなったのがきっかけだと思いますが、姿見をよく見えるところに置いて、毎日1回は自分を見ていますね。自分のことって意識しないと見ない、見えていないものだということがすごく分かるようになったし、体調や精神状態が如実に映し出されるというのも、実感として分かります。

とても輝いて見えるときはもちろんですが、ちょっとどんよりしているような時にこそ、そんな自分を「いいんだよ。大丈夫だよ」と声をかけて抱きしめてあげるような想いを持つように心がけています。もしかすると、それって自分という存在との対話の第一歩で、とても適切なクリーニングにもなっているかもしれませんね。

川田　間違いなくクリーニングになっていますね。実は鏡というものは、特に姿見は、クリーニングが進んでいない人には苦しくて見られないものなのですよ。自分と対峙できないんです。でも、それでは何をやっても素通りしてしまって自分に入っていかない。これは皆さん、ぜひトライしてみてほしいですね。

尚子　三次元的な自分と対峙できないというのは、自分の存在が認められていないということになりますよね。しっかり鏡を見るといやがうえにもいまの自分を認めることになるからキツいのでしょう。

いまちょっと思い出したのですが、そういえば昔の私は内面にも自信がないし容姿にもコンプレックスがあって、その頃は洗面所で身だしなみをすこし整える程度で、まじまじと鏡に映る自分を見つめることなんてなかったかもしれません。その時の自分だと、少し先が見えるなんて怖かったかもしれないですね。いまはワクワクしてしまいます。鏡ってすごいバロメーターになるのですね。

川田　変わっていく自分が見えているということは確実に具現化するわけです。だから楽しいんですよ。

◆宇宙全体の大きな変化のとき

川田 自分の中の神性に気づいていくにあたって、少し気になるのが、目に見えない存在の声が聞こえるという人が多くいらっしゃることです。それ自体はいいのですが、振り回されてしまっていることがあるようなので、ちょっと注意が必要ですね。サポートが入ることはあっても、決めるのは自分だということをしっかり認識しておく必要があります。

尚子 昔はそういったつながりを持てるのは、シャーマンと呼ばれるような一部の人たちだけだったのが、私たちが「空」ということをしっかり認識できるようになってくるにしたがって、はっきりしていた次元の境界があいまいになってきていて、それで様々な存在とつながりやすくなってきているのではないでしょうか。

空海さまや真名井さま、ご先祖さま、名前のついた古今東西の神さま方、そして宇宙人等々、いろんな存在がいらっしゃるのだと思うのですが、安易に自分を明け渡してしまわないことがとても大切なように思います。

川田　実に様々なレベルがありますからね。もちろん、自分のレベルに合ったところの存在とつながるわけですが、三次元でのレベルというのは刻々と変わっていくものですから、自分の得る情報の発信源がどこなのかということを、絶えずチェックすることが凄く重要だと思いますね。

尚子　ちょっと深い話になってしまうのですが、宇宙の根源というのは、これは光の世界の中心にあるこの宇宙を創るエネルギーの源泉で、そこは言葉があって境界が生まれる世界よりもずっと根源的な深奥のエネルギーの世界だと思うのです。

そう考えると、言葉で具体的にメッセージをくださる存在というのは、私たちと同じ成長を目指す生命体だということになります。違いは三次元に肉体があるかどうかだけなのですよね。

川田　そうですね。三次元に肉体があるということは、ものすごい成長を遂げることのできる稀有なチャンスを得ているということなのですが、実はつながってくる存在は、そうやって介在することで自分たちも成長できるんですね。

でも、数百万年前に人間が地球上にあらわれることに関与した宇宙人たちというのは、神として未熟な人間を意のままに操ってきたわけです。そんな彼らからすれば、遅れているはずの地球人がなぜこんなすごいことに気づいてきているんだということで、応援してくださる存在もいるけれども、逆にまだまだ操って利用しようと思っていたり嫉妬の虜になっている存在もいるようですね。

尚子　人間というのは、何段階かの進化を経てきているのだと思うのですが、空海さまが生きた時代やそのもっと以前からすると、さらに飛躍的な、宇宙人さんたちも驚くような成長を遂げつつあるのが、いまこの時なのかなと感じます。神頼みではなくて、自分自身が宇宙の根源とつながり自ら行動された空海さまは、人間の進化の扉を開いた存在なのかもしれませんね。

川田　まさにそのとおりです。見えない存在と三次元に生きる私たちとの関係性の大きな変化に気づくことがとても大切ですね。

尚子　ある時に、神さまや宇宙の存在というのは、地球においてはとても不自由なんだということに気づいたんです。誰かの口を借りないと思いを伝えられないうえに、伝えられたとしてもその人の感情が加味されてしまう危険性を伴ってしまいます。それに、それ以外で三次元に具体的にあらわせることといったら風を吹かせるくらいなのですよね。きっと歯がゆいだろうなあと。

そして、そんな歯がゆい中でくださっている様々な応援の思い、アドバイスをうけて、人間は輪廻転生を繰り返しながらどんどん成長して、空海さまのような方が出てくるほどに成長したのだと思います。

それからさらに１２００年たったいま、この地球に生まれてきている方たち、それから関与してくださる様々な存在たちというのは、みんなが宇宙と直接つながって新しい地球を創っていくことを選んで存在している仲間の魂たちなんじゃないかなと思うのです。

中でも三次元に肉体を持つことになった私たちは、大前提として謙虚な思いを持ちながらも、私たち自身が新生地球を創っていくんだ、そこで生きていくんだという覚悟をしっかり持たないといけないなと感じます。

川田　向こうも神なら、私たちも神なわけです。共同作業なのですよ。
これから先はやりたいことは明確に表現していかないといけないのだろうという気がしますね。そして、それを全部具現化していかないといけない。
昔のように、やるべきことが降りてきて教えてもらえるとはかぎりませんから、自分でちゃんと責任を持たないといけないわけです。場合によっては向こうの想いを修正して成長を促すことだってあるのですからね。

尚子　そうすることで、向こうの世界も変わっていくということですね。

川田　いま起こっているのは、宇宙全体の大きな変化なのですよ。

尚子　それほどの大きな変化の時を迎えているのですけれど、それを成していくのは誰でもない自分自身なのですよね。そうなるとまず大切なのは、やっぱり自分をしっかりと見つめて認めて、その自分に自信を持つことだと思います。
そうか。だから鏡が大切なのですね。

◆存在物があらわれるために必要なもの

尚子　宇宙の大きな変化は共同作業なのですね。だから空海さまがいろんなことを教えてくださるのですね。

川田　そうですよ。どうして瞬時に次々といろんなことが分かってくるのかというと、空海が情報を出してくれているのです。共同作業というのはそういうことで、自分だけでやっていると思ったら大間違いです。

尚子　三次元と白光の世界とを自由に行き来するということですね。

川田　そのとおりです。意識でもって三次元から飛翔するわけです。

尚子　もしかすると、その共同作業が進んでいくことで先生のご研究のお話の中に出てきた、金属のような水よりも隙間の少ない物質にも入っていく、すなわち対話できるような密度の高いエネルギーを、私たちも生み出すことができるようになってくるのでしょうか。

川田 そのとおりです。尚ちゃんの洞察はお見事ですね。

ただ、何度も繰り返しているとおり、まずは存在物との対話ができるように徹底的にクリーニングを進めて純粋な自分になる。そして、宇宙とつながり瞑想の中でそれを確認し、サポートを得ていく。スタート地点として、こういうことができないといけないわけです。なかなか難しいことです。

尚子 なんだか空海さまの生きざまそのものですね。

川田 空海に教えてもらったことですからね。いまの空海は大日如来、宇宙の根源とまさに一体化して、そこからサポートしてくれています。

瞑想するというのはあくまでも個人的な体験ですが、それが心と魂を開いていくことで客観性を超えて普遍的な情報に変わっていきます。これが瞑想の醍醐味です。私たちはそれらの情報を手にして、様々な存在からのサポートに導かれて、全く新しい地球の未来を創っていくような生き方を選択していこうとしているわけです。

尚子　なんだか、とてもハードルが高いように感じてしまいます。

川田　言葉にするとそう感じるかもしれませんが、なおちゃんはすでにこれを体得している状態ですよ。だからこうして言葉にして表現していけるのです。

なおちゃんのおっしゃるとおり、意識でもって異次元に行ってみると、三次元とはエネルギーのレベルが全然違っていて、本当に金属の性質が変えられるような世界が存在しています。

細かくお話ししていくとそれだけで日が暮れてしまうので、ざっくりとご説明しますと、全ての存在物は三次元にあらわれてくる前に、4段階の精神形成の場を経てくるんですよ。茫洋としたところから、第一にゆらぎのエネルギー場が生まれて、第二にはそれがまとまって意識、認識できる時空場になります。そこに第三として意志が出てきて、最後に意思を認識する感覚と、喜怒哀楽といった感情が出てくるんですね。
さらに、それとは別に物質形成の場が5段階あります。これは存在物の材料となるもので、素粒子よりも小さな段階から変化していきます。三次元に存在物というのは、このふたつの場が重なって相互に作用し始めたときに、はじめてあらわれてくるわけです。空海は生きている間にすでにこういうことをちゃんと押さえていて、それを六大という概念で整理していたのですね。

尚子　その精神形成の場というのが、空海さまのおっしゃる識大であり、それからきっと白光の世界と三次元を結ぶところなのですね。

川田　そうですそうです。そして、その奥にもっとすごい世界があります。

尚子　きっと私が見た巨体な光の球体ですね。
それにしても、その最後の部分に意志や感覚、それに感情もあるということにとても驚きました。

川田　そこから意欲が生まれるのですよ。意欲という「欲」がないと三次元に存在物はあらわれてくることができません。空海が欲を肯定して、極めていきましょうといったのは、当然のことなのですね。

◆「ステルス研究」

尚子　ものすごく純粋な欲というのは、三次元にものをあらわす大きなエネルギーだということですね。これもきっと大欲ですね。

「ゆらぎ」のところで性質をあらわす周波数が生まれて、それが細分化して性質、役割の音が生まれて、それがこうなりたいという意欲によってあるかたちへと集約されていく。ここで存在を存在たらしめる言葉という境界ができて、そして三次元へとあらわれていくというイメージが出てきます。

きっと、意識の世界でそのものが持っている意欲に、大欲でもって働きかけていくと、三次元にあらわれているものの性質が変わるのですね。

川田　そのとおりです。私が体感した異次元でのエネルギー状態を三次元に復元して、そこで対話しながらものを作っていくということをやってみると、ちゃんと性質が変わってきて、新たな性質ができてくるのです。小さな空間ではもう実験して結果が出ています。もの凄く驚きましたよ。

尚子　それだけでもすごいことですよね。でも、これは普通に三次元でものを作る以上に、作る人の意識のレベルによって大きく結果が変わってきてしまうでしょうね。

川田　実はいままで3人で一緒にやってきたのですが、この3人全員が同じようにできるかというとそうはいかない。同じ装置で同じ金属を溶かしているのに、人によって、それから時によって溶けたり溶けなかったりするのです。だから産業レベルにまでもっていくには再現性がなければいけませんから、いまの状態ではそれは難しいということになります。

ただ、全員がそこまでのレベルになる必要はなくて、こういう新しいことに携わる一定数の人たちの意識を私たちと同じようなレベルに揃えていって、もので表現できるようになると、世の中の仕組みは一気に変化します。

尚子 全員の必要はないのですね。

川田 まったくないです。私たちはなにか新しいことを発明したら、それをちゃんと多くの人に認識して、理解してもらわなければならないと思いますよね。そのために、まず論文にしたり特許を取ったり、あるいは有名な大学で認知してもらうというようなことをやっていこうとします。

尚子 特に日本はどう評価されているかということがとても重要ですものね。私たちにしても、偉い先生が認めたというようなことを聞くと信用するというところがまだまだあるように思います。

川田 刷り込みというのは非常に怖いものなのです。たとえば常温超伝導でこんなものができましたと言っても、個人も企業も全く相手にしないでしょう。まだまだいまの社会というのはそんなレベルなのです。

ところが、Google や Apple などの最先端をいく巨大企業はそんなことを一切していません。水面下で研究開発を進めていって、気が付いたときにはもう商品になって出てくる。実はもうこういうことが始まっているのです。

ですから、私たちも最先端を行けばいいわけです。表に出てくる時には、できあがったものとして表現する。それまでは密かに進めていくのです。これを「ステルス研究」といいます。ステルスというのは、見えない、事柄を感知できないということです。

尚子 だから、全員じゃなくていいんですね。

川田 そうです。携わる人たちだけでいい。そして、ものが表に出てきて、定着したときには一気に産業が変わるということになります。

そういう人たちと手を携えて、ステルス研究というかたちでもっていまの世の中に全くない新しい産業、あるいは次の時代のあるべき姿というものを具体的に表現していくということをやっていきたいと考えています。

◆完全性の社会

尚子　でも、ステルス研究を進めていくためには、一定数の人たちは意識のレベルをあげていかないといけないのですよね。

川田　そうです。だからまず、そういう新しいものを創っていくことに携わる人たちの、つまり私たちの意識を揃えるということをしないと先へ進めないわけです。

尚子　でも、常温超電導のようなサイエンスの世界となると限られてしまいますよね。

川田　いやいや、これはもっと大きな社会全体の話なのですよ。常温超電導などの実験をヒントにして、抵抗のない世界を一般化して「完全性の社会」を創っていくということを考えているのです。

空海のお話をしていたときに少しご説明したとおり、超電導というのは電気的な現象に対して抵抗がゼロの状態ですから、電気的な世界では「完全な世界」だと言えます。

尚子 つまり摩擦がないのですね。止めるものが何もない。

川田 そうです。これを一般化するとありとあらゆる分野、全てのことに応用できます。するとと人間の生きざまも全部変わってしまいます。人間がそう思えば、即、変わるという世界ですね。ある面においてはもうそういうことを体験している人が出てきています。

尚子 先ほどのつながるべきところがどんどんつながっていくという人間関係のお話もそれですよね。

川田 そうそう。そういうすごい世界をものにも応用していって、現実化したい。これは産業革命が地球レベルを超えて、宇宙レベルで起きるということです。

こういう発想はいまの世の中には皆無ですから、そんなこと本当にできるのかと、不安に思う方がいらっしゃるかもしれませんが、それはいまの常識や受けてきた教育に縛られていたり、過去に頼っているからなのですね。まずはそこから脱却することが大切です。今までの仕事というのは、これをやろうと決めたら、どこかで教育を受けて知識や技術を身に着けて、というスタイルですよね。そうではなくて、自分はこれをやるんだと自分で選択できる。

つまり、その分野のプロである必要はない。肩書きや資格などなくてもいいし、理屈も後でいいんです。心をピュアにして開放すれば、その状態に応じた情報が全部入ってきますから、それを実行していく。

尚子　大事なのは方法論を追いかけることではなくて、ものと自分の意識を重ねて、そのエネルギーの質を高めていくことなのですね。

川田　これができてくると衣食住、全部が変わってきます。

この時大切なのは、なぜそれをやるのかというところで、これをやることで世の中が変わって、それによって地球、あるいは宇宙との喜びを共有できる。だからやるんだというような思いでやっていくと必要な情報はすべて入ってきます。

尚子　まさに大欲ですね。

このお話はすごくよく分かるように思います。私は本当に全くの素人の状態から会社を立ち上げて出版社を始めました。それから10年、３００タイトル以上のご本を創らせていただいてきましたが、いまだに経営のことも出版業界のことも何も分かっていない状態なのです。

川田　驚きました。もうそんなになるんですか！

尚子　はい、自分でもびっくりです。

どうやって10年も続けてきたんだろうと考えてみると、普通は資本主義の中にいるのだから利益を追求しないといけないのでしょうけれど、そこは正直二の次になってしまっています。

それに、そんなのは出版社じゃないと言われてしまうかもしれませんが、お互いの違いを認め合いながら表現を楽しみ、皆さまのお役に立つようなご本を創って皆さまにお届けする、そんな思いを実現できればいいと思っているし、その積み重ねが新生地球を創っていく一助になれば嬉しいなと思っていて、実際に実現できているから、本当に幸せなことです。
いま思えば、資本主義とか出版業界という枠に囚われることなく、本を創っていく、言葉を扱うということの本質を学んで、それをあらわしていくことにチャレンジできているので、逆に素人で良かったのかもしれませんね。

川田　表現する著者の方々と、本を創るなおちゃんと、そして読者の皆さんの間では、隔たりがどんどんなくなってきていることでしょう。まさに、「完全性の社会」の萌芽ですね。

◆魂のレベルの向上を目指す

川田　それから、なおちゃんの何がすごいかと言うと、最初のうちは目的が生活のための仕事だったわけですよね。ご主人が突然亡くなって小さな息子さんを抱えて、生きていくことに必死だった。

ところが、どんどん成長されて、ものすごい短時間で魂のレベルが向上して、いまおっしゃったように本を創る目的がすっかり変わってしまったわけです。同じように見えて、もう全く別人です。それにつれて、創られてくる本のエネルギーが全く変わってきていますよね。

これは多くの人が認めていることなのだから、これからは隠れていないで素直に表現して、皆さんに伝えていかないといけませんよ。

尚子　そうですね……。恥ずかしいですが、そこを乗り超えないといけませんね。でも、どう振り返ってみても、やっぱりクリーニングすることの大切さに気づけたことがいちばん大きかったと思います。

クリーニングしながら、一つずつの出来事に丁寧に対応していく。それを続けていたら、気づく気づかないは別にして、その時に応じたサポートが入るし、魂のやりたいことに必ず近づいていくものなのだろうと思うんです。

ただ、サポートが入るからそれを頼って委ねていればいいということは決してなくて、自分の努力というのは絶対に必要です。よく「ありのままでいい」と言われますが、それは曇りのない魂の本質の話であって、何もしなくていいということでは決してないということも身にしみて分かるようになりました。

それから、色んな出来事の中で魂が曇ってしまうと、なかなか進めなくなったりということもまだまだあって、その都度クリーニングして魂を磨いていく。これまでもこれからも、そこは変わらないことですね。

川田　まったくそのとおりですね。なおちゃんはご自身でそれを成し遂げてこられているわけですが、やはりそれは大変難しいことです。

ですので、そういうふうな動きに大欲でもって携わりたいと思う人たちにまず育っていってもらおうということで、クリーニングで心と魂を開いていって、瞑想で宇宙とつながっていくということを学んでいく勉強会というのを始めました。もう流れができてきたので、私は参加していませんけれども、いまも各地で開催はされています。

そこで気づいたんですが、女性というのは実にすばらしいんです。女性はみんな女神の素質を持っているので、ハッと気づくだけで理屈なくパッと花開くときがあるのです。なおちゃんはその典型ですね。それで、女性のほうはどんどんクリーニングが進んで、いろんなものと対話できるようになっていくのですが、男性は連続体だからそれができない。理屈で理解しようとしてしまうんですね。

仕方ないので男性だけの勉強会を4回ほどやると、一気に変わりました。すると今度は逆転しちゃって、女性がピタッと止まってしまったのです。

尚子　いまの社会はやっぱり男性が中心になっているので、男性が変化してくださることはとても嬉しいのですが、女性が止まってしまうのはどうしてなのでしょう。

川田　女性は、ある領域までくるとご主人や彼氏に気を遣いはじめるんです。それでピタッと止まってしまいます。もったいないのだけれども、いまのところ、どうしても超えられないようです。

尚子　それは自分で止めているのでしょうね。自分が存在物と対話できるようになるところまでは楽しくてよいのですが、そこから先となると話は別なのでしょう。

ただ、大きな変化というのは怖いものなので、家族とか生活といった自分のテリトリーを守ろうとする感覚は同じ女性として分からなくはないです。女性はその小さなテリトリーから出るということがいちばんの課題なのかもしれませんね。

それから、私自身がそうだったのですが、いまは理屈で動いている社会だということもあって、クリーニングが進んで宇宙からのサポートが入ったりして理屈ではないところで色んなことを感じるようになった時に、「そんなの私にできるわけがない。分かるわけがない。空海さまのメッセージなんて聴こえるはずがない」と思ってしまうんです。

でも、このままじゃいけないと感じて、そう思うことを止めることにしました。その途端にそれまでは少し感じる程度だったのが、ドバッと、しかもはっきりとメッセージが入ってくるようになったのです。結局自分が決めるだけのことだったのですね。

最初のうちは傲慢にならないかなと心配したのですが、サポートが入れば入るほど、メッセージが聴こえれば聴こえるほど、信じられないほどたくさんの存在に支えられながら自分がここに存在しているんだということが分かってきて、傲慢になんてなり得ないということも分かりました。

川田　なおちゃんの中に、たしかな自信と、ご自身の役割に対する自覚が生まれたのですね。

尚子　そんな大げさなことではないのですが……、と言ってはいけないのですね（笑）。

川田　完璧です。

尚子　では調子に乗って、もうひとつ感じるのは、空海さまと真名井さまのような本物のパートナーシップを築くことも、新しい社会を創っていくうえで、とても大切なことだと思います。空海さまですら、大変なことだったわけですから、一筋縄ではいかないかもしれませんね。

川田　そこは、男性には本当に難しいところなので、女性に大いに導いていただかないといけないように思いますね。

◆視点を上げて曼荼羅を広げる

尚子　以前、空海さまが真名井さまに教えられたことの一つに、「大日如来の想いをいただく」ということがあったと先生から伺ったのが、とても心に残っています。真名井さまは「私もその想いをともにしたい」とおっしゃるのですよね。

川田　大日如来と想いを一にして、宇宙との一体化を目指すということですね。私もそこを目指したいということで、真名井御前は伝法灌頂を受けることになったのです。

尚子　そのお話をお聞きしたときに、大日如来が宇宙の根源を人格化したものであるのなら、その想いというのは宇宙から放たれて循環するエネルギーのことなのだろうと思いました。そして、曼荼羅というのは、大日如来の想い、宇宙のエネルギーによって生じてくる世界を表しているものなのではないかなと思ったのです。

川田　おっしゃるとおりです。

尚子　曼荼羅にはいろいろな仏さまがいらっしゃるのですが、それぞれの性質というのは真言、つまり言葉で表されます。つまり、想いや考えにもいろいろあるということだと思うのですが、それ以外に響きという固有の性質が加わることで様々な働きが生まれてくる。

それぞれの仏さまはその働きをすることでエネルギーの質を変えて、それがまた大日如来へと戻っていく。それによって大日如来がまた輝きを増して、より大きく精妙なエネルギーが放出される。この循環が大日如来の想いであり、宇宙の仕組みそのものなのではないでしょうか。

川田　すばらしいですね。

尚子　これまで先生がたくさんくださってきたヒントをつなぎ合わせているだけです。ここからは、先生にご説明いただいたほうが良い気がするのですが……。

川田　いえいえ、とても大切なところですから、そのまま続きを聞かせてください。

尚子　分かりました。ではお師匠さんに及第点がいただけるようがんばってみます（笑）。

曼荼羅の仏さまたちというのは、すなわち宇宙の一部である私たち人間の様子でもあるというのは、これまでのお話にも出てきたと思います。その本来の働きをしていくために、クリーニングが必要なのですね。

ただ、それと同時に、きっと『クリーニングの真実』をつくっていた頃なので、ずいぶん前になりますが、先生から「人というのは、大小いろいろあるけれども、それぞれが曼荼羅を形成しているんだよ」とも教えていただきました。つまり、私たちもエネルギーを循環させている存在だということですね。それぞれが小宇宙といってもいいのかもしれません。

川田 そのとおりです。ものをつくること、名前をつけ役割を与えること、さらに対話していくことなどは「機能エネルギー」を与えることになりますし、人と人ともお互いにエネルギーを与え合っていますね。

それぞれの魂のレベルに応じた曼荼羅をつくっていて、その真ん中にきちんと座ってエネルギーが滞りなく循環させていることが、「魂の願い」に沿った生き方ということになるわけです。言い方を変えれば、白光の世界から魂そのものの光を見て、それに三次元の姿を重ねた時に色が変わらない状態のことでもありますね。

尚子 「魂の願い」に沿っているということは、すなわち宇宙の根源の願いにも叶っているということですよね。宇宙という曼荼羅のどの位置にいたとしても、また、どんなに小さなものであったとしても、その行為は神の御業ということになるのではないでしょうか。

川田 すばらしい発想です。先ほどから私たちで目指していきましょうと言っているのは、まさにそのことです。

尚子　私にできることはちっぽけだとおっしゃる方がいらっしゃいますし、私自身にしてもそのとおりなのですが、大切なのはその行為をどんな視点から行うかなのだと思うのです。

ゴミを拾うことひとつにしても、仕事だから仕方なくやるのか、その場を使われる方のため、さらには地球、もっと言えば宇宙のためにと思ってやるのかで、エネルギーの大きさも質もまったく変わります。

川田　視点をどんどん上げていって、自分の曼荼羅を広げていくわけですね。

尚子　瞑想などの時にぜひチャレンジしてみていただきたいのですが、私という枠から飛び出してみるんです。頭頂部からすーっと上にエネルギー体として出ていきます。

魂は光の存在なので、下を丸く照らすことができます。そして、この範囲が境界を取り去って照らすことができるいまの自分の曼荼羅の範囲ということになります。そして、クリーニングを続けていくと、輝きが増してその範囲はどんどん広がっていくのです。

最初は自分を照らすことも難しいかもしれませんが、家族や友人、地域、国と、少しずつ範囲が広がっていきます。そうすると、エネルギーが重なり合う人たちも出てきて、その相乗効果でエネルギーがより高まっていきます。お互いが心からお互いの応援をし、助け合う。主従関係とは全く違う関係性です。もちろん社会的な評価などはまったく関係がありません。

ただし、エネルギーが小さいのに、無理に高くまで上がっていくとエネルギーが分散して小さくなってしまうし、自分自身が疲弊してしまいます。よく世界平和を祈ると言いますが、はじまりは自分の足元を照らすことであり、それが曼荼羅の中心だということを忘れないようにしながら、少しずつ照らす範囲を広げていくといいと思います。

川田　それはすごいワークですね。

尚子　社会を変えていくということを考えた時に、視点を上げていくことは必須だと思うのです。

意識には、個人の意識と集団の意識があるといいますよね。どんな時代においても、一人ひとりの意識のレベルでは戦争が起こる事を望む人はいないはずなのに戦争は起こり続けています。これは集団の意識がそれを選んでいるからなのです。

陰謀論的な考え方によると、一部の支配者層がその権力維持のために戦争を起こしているということになるのでしょうが、それでは私たちと同じ個人であるはずの支配者層の皆さんは、なぜ、どのようにして集団の意識を操ってきたのでしょう。

巧妙な洗脳活動を行うにしても、経済の仕組みを創るにしても、それを集団の意識にまで昇華させなければ多くの人々が実際に動くところまではいかないように思えます。

私は、彼らが視点を高く持つことで多くの人々の意識を自分たちのそれとして働きかけ、世の中を形成してきたのではないかと思っています。そして、今私たちもその方法を体得しようとしているのではないかと思うのです。

少しでも多くの人が視点を高くし、意識を拡大することによって、これまでの常識が覆されるような、偉い誰かの支配に頼らない、誰もがお互いの違いを認め合い、幸せに豊かに暮らせる世の中が実現できるのではないかと思うのです。

川田　非常に大切な考え方ですね。以前の本の中で、なおちゃんは魂のレベルのジャンプアップを選択したということを書きましたが、本当にそれを成し遂げられたということがよく分かります。

尚子　たぶん空海さまと真名井さまが教えてくださっているのだと思います。空海さまは曼荼羅の真ん中、宇宙の中心に座られる方でした。だからこそ、宇宙の中心の真理ともいえる情報を得て、あれほどの言葉を生み出すことができたのでしょう。でも、最晩年、真名井さまと一体となられるまでは、本当の中心には座ることができていなかったのだろうと思うのです。そして、いまエネルギーとして一体となられたことで、空海さまが本当の座るべき位置、宇宙の中心に座られる存在となって、また大きな変化が起こりつつあるのだろうと感じています。

川田　あちらとこちら、すべてが最善のタイミングで動いているということですね。

◆積み重ねてきた怒りと悲しみを癒す

尚子　最善のタイミングと言えば、退院してしばらくしてから元気になったことをお知らせして、ご心配をおかけしたことをお詫びしようと思って先生にお電話をしたら、今度は先生がご体調を崩されているとおっしゃるので、本当にびっくりしてしまいました。

川田　２０１５年の12月でしたか、あの時はもう私も死んでもいい頃合いなのかもしれないとまで思ったのですが、年が明けてみると、まだまだこれからが本番だということが分かりましたから、もう大丈夫ですけれどもね。

なおちゃんのことを思えば、大したことではなかったのですが、あの時はきつかったですね。

尚子　ちょうど１００万回のクリーニングをしましょうとお話しする前ですよね。

川田　実は、100万回のクリーニングが必要なことはもう少し前から分かっていたのですが、体がきつくてできなかったんですね。尚ちゃんにお会いするちょっと前にようやく楽になりましたが、その前の4カ月の間は本当に大変でした。なおちゃんが苦しんでいた時に、実は一緒に苦しんでいたことになりますね。

尚子　本当に驚きました。私もちょうどそれぐらいの時期にお腹が痛みはじめて、少しずつ出血が増えていき、とても辛い思いをしていました。

でも、いろいろな自然療法を試したりしながら、そしてずっとクリーニングを続けながら過ごしていたのです。肉体的には苦しかったのですが、ひとつずつクリーニングが進んでいって、その度に心が劇的に軽くなっていく不思議な時間でした。

川田　ある瞬間に変化するんですね。私の場合はある朝ふっと痛みが消えて、その後はあっという間に普通の生活に戻れました。

4カ月もの間、何に苦しんだかというと、実は「怒り」なのです。本来、自分という人間はこんな能力があってここまで行けるはずなのに、なぜできないんだというのがある。

これが怒りに変わるわけです。さらに、怒るばかりではなくて口に出せないから傲慢な思いとしても出てきます。

尚子　先生がですか？

川田　そうですよ。自分の思いとしてふつふつと芽生えるんです。実に頑固な自分がいるのですね。そして、それが全部痛みになって出てくる。思いが湧いてくる度に、3時間から5時間ほどものすごい痛みがあって苦しいんですね。そこでクリーニングをゆっくりゆっくりやるわけです。そうすると、パッと変わる瞬間、消えていく瞬間があるんです。すると、翌朝楽になって、その繰り返しでした。

尚子　先生がクリーニングをされたのが怒りなら、私がクリーニングをしたのは、きっと悲しみだったのだろうと思います。

川田　それは、なんと……。お辛かったでしょうね。

尚子　病院で意識が戻った時、最初に見たのはなんと十字架でした。市街地に住んでいて近くに大きな病院がいくつもあるのに、なぜか搬送先の病院がなかなか決まらず、普通なら運ばれることのない少し郊外のカトリックの総合病院に運び込まれていたのです。それから退院するまでずっと、私はイエスさまとマリアさまに見守られながら過ごしました。

川田　なんとも象徴的ですね。

尚子　人類の罪を背負って十字架にかかられたというイエスさまは、多くの人たちの救いを求める思いのために、いまも十字架にかけられたままなのかもしれないと感じました。

私は、自分のことを助けてほしいと願う気持ちよりも、そのイエスさまを十字架からおろして差し上げたいと強く思いました。そしてある時に、きっとそれはマリアさまの、どうしようもなく悲しく辛いお気持ちだと気づいたんです。

川田　イエスが伝えたかった本質は違うのかもしれませんが、結果的にいまに至るまで多くの人たちが彼に頼ってしまっているわけですからね。

しかし、お母さんであるマリアの悲しみが伝わってくるというのはすごいなあ。

尚子　あまりにも大きなお話ではあるけれど自分の中に出てきた思いであることは間違いないので、病院のベッドでイエスさまが十字架の苦しみから解かれますように、マリアさまのお悲しみが癒えますようにとクリーニングを続けていきました。

するとこれまでの人類の歴史は、愛する人を守るため、次の世代のためにといって、やむをえず戦ったり、自分を犠牲にすることの繰り返しだったのだということが分かりました。でも、そうすると犠牲になったものには痛みや苦しみ、悔しさが残るでしょう。

そして、残されたものにしても単純に喜べるはずはなく、どうしても悲しみや罪悪感が残ってしまいます。あるいは、さらなる依存や甘えを生んだり、憎しみや恨みを残したりするかもしれない。そんな悲しい時代はもう終わりにしたいという、私一人のものとは思えないほどの強いエネルギーが、魂の底から湧いてきたのです。

川田　そのあふれてくるエネルギーこそが、新しい宇宙の真理を生む、新たな時代への原動力なのだと思います。本当にすごい。

◆成長拡大する時代の終焉

尚子　こんなに悲しいというのは、何かどこかがおかしい。何かボタンを掛け違えているような気がしました。一体何だろうと考えた時に、一つの疑問が浮かんだのです。

川田　どんな疑問でしょうか。

尚子　人というものは、様々な体験を通じてクリーニングを進め、魂を磨き成長することを望んで、ワンネスの世界、宇宙の根源から分かたれて生まれてくるとよく言われるけれど、なぜ、なんのために成長を望むのだろうかということです。

これまで私は、生成発展は宇宙の理であり、宇宙の根源がそれを望むからだということで当たり前のように納得していたのですが、では完璧なはずの宇宙がさらなる生成発展を望むのは、一体なぜなのだろうと思ったのです。

様々なアプローチで多くの先生方が教えてくださっているとおり、私たちは大いなる根源宇宙、サムシンググレートの分御霊《わけみたま》、つまり欠片です。遍満する光そのもの、愛そのものの、完璧な存在である宇宙の根源なのですが、全体であるがゆえに自分自身を見たり感じたりすることができない。そこで、自ら、つまり愛を感じるために自らを分けたというのです。

川田　愛は宇宙そのものであり、それを実感するために私たちは生きている。『クリーニングの真実』で、私たちを満たす水の性質が、愛と同じであるということを発見してくれたのはなおちゃんでした。

尚子　そうですね。津波のような厳しさもまた、個々の感情をはるかに超えた愛のあらわれなのだということを書かせていただきました。

そんなふうに、私たちは様々なかたちで「愛し、愛されること」つまり、愛を実感するために生きているのですね。いま、私たちが日々体験するすべてのことは、愛を実感するためのきっかけだということなのです。

でも、欠片ですから当然完璧ではありませんし、別々の部分なので違った個性となります。違っていることから誤解が生じたり争いが起こることもあります。愛されたい、愛したいというエネルギーが強ければ強いほど、それが叶わないことに対する怒りや悲しみも強くなり、あっという間に魂が曇ってしまうのです。

川田　おっしゃるとおりです。だからクリーニングが必要なのですね。

尚子　はい。クリーニングして魂が磨かれていくことは、美しい愛と光に包まれることに他なりません。魂の成長とは、愛を実感することのできた結果なのです。

　宇宙の根源はもともと完ぺきな存在なのですが、愛を実感することによって成長し、ミクロには魂が一まわり大きくなり、マクロにはその結果として膨張していると言えるのかもしれません。つまり、人は魂の成長を目指しているのではなく、それは結果に過ぎない。真実は私がいままで考えてきたこととは全く逆だったのです。

川田　すべては愛を体感するためだということですね。

尚子　そうなのです。これまで私たちは、信じられないくらいの回数の輪廻転生を繰り返し、クリーニングしきれない多くのカルマを背負いながらも成長、進化し続けてきました。そうして行われるクリーニングは強く大きな振幅で魂を揺さぶり、大きな成長を遂げられる代わりに、辛い涙を流し、大きな痛みを伴いながら傷つけあうことでお互いの愛を感じあい、磨かれるものでした。

そして、その成長が極まってしまっているのがまさにいまなのだと思います。これまでお話ししてきた通り、死ぬことは不幸なことではありません。魂の曇りを取り去っていくことでクリーニングが進むのも事実です。

でも、そういう大きすぎる感情を持ったまま死んでしまうというかたちで輪廻転生を繰り返しているうちに、もうこれ以上は無理だというところまで感情が渦巻いている状態になってしまった。私が感じた途方もない悲しみは、きっとその渦巻く感情に対するものだったのだろうと思うのです。

成長を求めて地球を、いのちをお互いに攻撃し、傷つけ続ける流れを選ぶこともできますが、それでは肝心の地球や私たち人類が崩壊してしまうところまできてしまっているのだと思います。

◆いま、宇宙の真理が変わるとき

川田 すごいメッセージですね。

尚子 クリーニングして瞑想していると、ふっと境界がなくなって見えてくる景色があるんです。

川田 これをスレッショルドを超えるというんです。毎日同じことをやっているのだけれども、ある時突然ポンと変わる。これをスレッショルドを超える、しきい値を超えるともいいますね。ほんのちょっとなんだけれども、それを超えると一気に新たな世界が見えてくる。なおちゃんはそこを超えちゃったのですね。

尚子 そうだとしたら、とても嬉しいです。実はこのビジョンには続きがあって、それによるといまの事態というのは決して地球にとっての危機ではないのです。

地球というのちは、私たちとともに大きく成長することができたおかげで、このチャンスを最大限に活かして新生地球となりつつあるようなのです。その魂の望みは、さらに本質的な、宇宙の根源により近い愛を感じること。あとは私たちの意識次第なのです。

川田　どういった意識を持てばよいのでしょう。

尚子　新生地球をともに生きていくためには、私たちも新生地球と同じ意識をもつことが大切です。本質的な愛を体感する、そのためのクリーニングは、傷つけあうような荒っぽいやり方ではなく、微細な振動でより深く美しい輝きを放つような、そんなクリーニングなのではないでしょうか。

最も魂をクリーニングし、美しく輝かせるのは、魂が震えること、すなわち感動することだと私は思っています。それも傷つけあうことや奪いあうことによる痛みや苦しみ、悲しみを経ることなく、与え合い愛し合う喜びをもって深く魂の奥にまで響くような感動を重ねていくことだと思うのです。

大きく膨張し切った宇宙をもう一度中心に向かって磨き整えていくような動きが、これから起こっていくように感じているのです。

川田　これは間違いなく、空海とともに宇宙の中心に座られている真名井御前からのメッセージですね。受け取ってくれる女性を待っておられたに違いありません。

空海と真名井御前が別れた後、空海は二人が本当に完全に溶け合っているときの真名井御前のお顔があまりにも美しかったので、そのように仏師に如意輪観音の顔を彫り直させます。それがいまの如意輪観音なのですが、その法要をしたとき、真名井御前のお顔とあまりにも似ていて、しかもあまりにも美しく神々しくて、皆が自然に合掌を始めるのです。

尚子　お二人が重なり合ったエネルギーが、そうさせるのでしょうね。大欲によって創られる新しい宇宙というのは、完全な満たされた世界なのだろうなと感じます。

川田　これが真言密教の易行道《いぎょうどう》の始まりです。易行道というのは、厳しい修行をするのではなく、仏を前にすることでひとりでに手が合わさって、そこでその仏と自分が一体化し

ていく、それで「ありがたい」と感じるものなのです。なおちゃんが話してくださってい
ることは、まさにこの境地でしょう。

尚子　感動はしようと思ってできるものではありませんが、心身をゆるめてあげることで微細な事象に共感できるようになります。

身体からのアプローチだけでもずいぶん変わってくるものなので、以下に私が心がけているこことを挙げてみますね。

＊水を飲む

身体のほとんどは水からできていて、それが振動することが、すなわち感動となります。

＊ゆっくりお風呂に入る

深呼吸をすることによって、身体の内外についた見えるもの見えないもの、両方の曇りを洗い流すことができます。川田ミネラルと粗塩を

一つかみ入れるとなお良いでしょう。

＊涙腺をゆるめる
涙は感動のセンサーになります。特に男性にはぜひこころがけていただきたいものです。

＊体温を上げる
温度の低いものは固くなり、震えにくくなってしまいます。

＊他のいのちと触れあう
植物を育てたりペットを飼うこともよいと思いますし、最初は難しいかもしれませんが、信頼できる友人や家族と手をつないだりハグするのが一番のおすすめです。また、大切なパートナーとの心からの交わりは最も尊いエネルギーとなります。

川田　どれもクリーニングと共通しますね。

尚子　はい。ただ、すべて簡単なことなのです。いままで見過ごされていたようなことを愛をもって大切に扱うことがとても大切です。

きっと、厳しい修行や、それに匹敵するような大きな悲しみ苦しみを経なくてもいいような世の中になっていくことが、真名井さまの悲願なのだろうと思います。もうそんなことではなくて、魂が震えるような美しい体験で成長していく段階に入りましょうと。そのためのメッセージをたくさんくださっているのでしょう。

川田　魂が震えるような美しい体験というのは、非常に高いエネルギーの密度ですし、魂が曇ることもなくなるということですから、まさに「完全性の社会」をあらわしていくということですね。

尚子　本当ですね。境界をなくして空の世界が広がっていけば、相手の痛みは即自分の痛みになります。誰かが犠牲になったり、誰かに従ったりするのでは、それが自分であっても相手であっても新生地球は始まらない。

成長拡大から融合統合へと、宇宙の仕組み、真理そのものが変わっていくのだと感じます。拡大を続けようとする人たちは、エネルギーが希薄になってどんどん生き辛くなるでしょうし、方向性が反転するということなので一見すると生成発展しなくなってしまうように見えるかもしれません。でも、実際には宇宙全体に磨きがかかっていくという成長の仕方にフェーズが変わるということなんだと思います。

そして、そのことを伝えていってくださいと言われているのを感じて、もう隠れていないで、きちんと表現しないといけないんだと思ったのです。

川田　なるほど。本当にすごいなあ。

◆クリーニングは魂の進化へ

尚子　ただ、ちょっと気をつけないといけないと思うのは、新生地球が迎えるのはよく言われる「女性性の時代」だと思われる方もいらっしゃると思うのですが、それはちょっと違うということです。いままで男性性が優位の時代が続いてきたので、女性性を思い出していくことがとても大切にはなるのですが、男性性も絶対に必要です。

先生から三次元にものをあらわしていくときに意欲が必要だと教えていただきましたが、その部分が男性性で、それを受けて生み出し育む力が女性性、それもまた共同作業だと思うのです。

そして、その思い出していく女性性にしても、どんなことに対しても優しくする、許容するというふうに捉えられがちですが、それでは様々な事象から逃げているということにもなりかねません。必要な時には厳しく子どもを叱るような、本質的な愛の表現も大切な女性性だということを知っておく必要があると思います。

川田　新しい生命を授かり育んでいくことは共同作業の最たるかたちですね。

こうして、三次元が進化していくのに合わせて、見えない世界の仕組みもどんどん変わっています。数年前に20次元の世界から30次元に変わったとお話ししていたのが、30次元から60次元に変わってしまいました。まだまだ増えていくようです。

尚子　これは私のビジョンなのですが、私たちの宇宙はこれまでの輪廻転生のシステムを卒業して次元というものがなくなっていくのではないでしょうか。考えてみれば、次元というのも境界ですよね。三次元の私たちが空の世界を体現していくことで、見えない世界の次元も統合されていく、それが共同作業の最終目的なのではないかと思うのです。

次元の壁を突き抜けて融合していかれた空海さまと真名井さまは見えない世界での進化の扉も開かれたのかもしれません。

川田　そうすると、アセンション、次元上昇などというちっぽけなことではなくなりますね。だって次元がないんだから。

そうなるにあたってね。いま地球の階層をわけて、観測にかからない地球が今の地球とは別に13個つくられているんですよ。

尚子　あまりにも差がつきすぎてしまっているということでしょうか。

川田　物とかお金で支配したいという動きが、どうしても内的に成長した人の芽を摘んでしまうのですね。
人間の行動が神々の想いと一致するようにしないと発展のしようがないので、そのための組み換えがなされていきます。これは選民思想だとか、最後の審判だとかではなくて自然な流れです。いまの地球にいられるのは1割いるかなあ。

尚子　3分の1以下になるのはなんとなく感じます。

川田　それは間違いないですね。そしてものすごく発展していきます。いまの地球も入れて14個の地球でみんなそれぞれ学ぶわけですよ。これからは自分たちのやるべきことをしっかりやるだけになっていくので、そういう意味ではどんどん楽になっていきますよ。
ただ、これまでの次元で分かれた世界と違うのは、しまった！と気づいた人は、レベルの違う元の地球へすっと移っていけるのですよ。これがすごい。

尚子　つまり、完全なパラレルワールド化が進んでいくということですね。

川田　そうそう。表面上は何も変わらないように見えても、かなりのスピードで進んでいきますから、え、あの人も亡くなったの？　あの人も？　という状況がしばらく続くと思います。生きている人にも、浄化のための辛い思いや、病気という経験がもたらされる場合があるでしょう。

それから、人の浄化とあわせて地球の大浄化ということもしないといけませんから、必要に応じたかたちでの災害も、ある程度は覚悟しないといけないでしょうね。

尚子　いまはまだ、クリーニングが必要なのですね。

でも、最終的にはクリーニングの必要のない「完全性の社会」が実現して、生まれること、生きること、死んでいくこと、すべての存在の在りようが美しいこととして感じられるような、三次元とそれに重なる宇宙の大曼荼羅を、様々な存在とともに創っていくんだと思います。

川田　そういうことを言葉にするというのはすごいことです。言葉にするということは、「意乗り」であり、具現化していく第一歩です。

尚子　先生、最後にひとつだけ、生意気なことを言ってもよいでしょうか。

川田　いくつでも、お願いします（笑）。

尚子　クリーニングする時のマントラを、先生はずっと「ごめんなさい、ありがとう」というふうに続けてこられたのですよね。

川田　そうですね。

尚子　でも、それでは融合しないと思うのです。「ごめんなさい」も「ありがとう」も相手がいるから成立する言葉です。それでは浄化は進んでいったとしても、どこまでいっても別々の存在のままだということになってしまいます。

境界をなくしてつながりあうためには、どうしても愛のエネルギーが必要です。「愛しています」という言葉が入ってはじめて、クリーニングは魂の修正から魂の進化へと昇華していくのではないでしょうか。

川田 ……すごいね。勇気がいったでしょう？ 言ってくれて本当にありがとうございます。

尚子 間違っていないでしょうか……。

川田 何をおっしゃるんですか。これは大切なことですよ。ご自身が大切に続けてこられたことを真実だと悟られたということは、何より尊いことです。「ごめんなさい、ありがとう、愛しています」これでクリーニングの真言が完成するのですね。

尚子 聞いてくださってありがとうございます。涙出てきちゃった。

川田 これからはもう、空海の名前を出す必要もないでしょう。だってもう超えているんだからね。

これまでの叡智にしがみつく時代はもう終わり。宇宙の真理が変わるときが、いよいよやってきたのですね。

こんなに晴れやかで嬉しいことはありません。

エピローグ

カフェの窓から見える銀杏並木が、
夕陽にキラキラと照らされています。
川田薫先生となおちゃんの時空を超えたおしゃべりも、
ようやくひと段落したようです。

川田　ほらほら、もう泣かないで。コーヒーもう一杯頼みましょうか。ケーキ美味しそうだよ。ケーキ食べましょう。

尚子　えっ！　先生ケーキ食べるんですか？

川田　私はこの抹茶のケーキにするから、なおちゃんはこのチョコレートケーキがいいんじゃないですか？　美味しそうですよ。

尚子　じゃあ、チョコにします。

川田　よかったよかった、やっと笑顔が戻ってきましたね。それにしてもすごいお話でしたねえ。

尚子　なんだかたくさんのことを話したのですけれど、自分で話した気がしません。

川田　きっと感情ではない、魂の底からの言葉だったからでしょう。このお話が本になったら、どう感じるのかは自由だけど、できればその内容の細かいところに囚われるのではなくて、それぞれに必要な真実を読み取っていってほしいですね。それからね。これまで私は、空海のことや研究のことを頼まれるままに色んなところで話してきたんだけど、今年の春で全部止めようと思っています。

尚子　どうしてですか？

川田　的確な言葉があるのに、それが出てこないんですよ。別の言葉に置き換えて淀みなくしゃべっているから、聞いている人は分からないと思うんだけど、私自身がすごくイヤなんです。恥ずかしいし、集まってくださった方に申し訳ない。だから講演はやめて、これからは易を学んでいこうと思っています。9年くらいかかるみたいなんだけど、独学でやっていこうと思っています。

尚子　ということは、先生とは9年間は仲良しでおしゃべりできるんですね。

川田　そういうことになりますねえ。それだけやったら、たぶん面白くなると思いますよ。易くらい変化に富んだものはないですから、その奥義を究めようと思っています。

尚子　でも、どうして急にそういうことになったんですか。

川田　人の前でしゃべれなくなったということは、無理してやっていたというサインなんです。だから、自然に戻って、もう一度自分の中で自分を再構築して、人の前に出られる自分をちゃんとつくるということをしようと決めたわけです。

尚子　先生にそんなこと言われたら、私が恥ずかしくなってきてしまいます。どうしましょう。

川田　いやいや、なおちゃんは違うよ。表現することが仕事なんだから、やらないといけませんよ。

尚子　それはまあ、そうですね。

それにしても、先生は根っからの研究者さんなのですね。新しく学ぶことをお話しされるときは少年のようにキラキラ輝いて見えますから。どんなことになるか、楽しみですね。

川田　杖ついている普通のおじいさんになりますよ。

尚子　大丈夫です。杖ついていてもついていなくても、先生は先生ですから（笑）。

二人の楽しいおしゃべりは尽きることがないようですね。終わるのを待っていたら夜になってしまいそうなので、本書の旅はひとまずここまでとさせていただきたいと思います。

皆さま、時空を超えた旅はお楽しみいただけましたでしょうか。宇宙の真理が大きく変わり、新生地球へと向かい始めた地球の息吹を感じ取っていただけましたらとても幸せです。

私は、これまでの著書や講演の中で、いまの地球から新生地球への変容の過程を、いも虫が蝶へと変わっていくときの様子にたとえてお話ししてきました。

いも虫はさなぎの中でどろどろになり、それが蝶へと変わっていくのですが、最初に「私は蝶なんだ」と表明する「イマジナル細胞」が出現します。ところが、「私はいも虫なんだ」というイいも虫細胞たちに、すぐに異物として攻撃され消されてしまうのです。

でも「イマジナル細胞」は点滅するように現れては消されを繰り返しながら少しずつ数を増やし、ある数まで増えた時にいっきに蝶へと変わりはじめる……。嘘のような本当の、しかもこの地球上で数限りなく繰り返されてきたこの過程は、新生地球へと生まれ変わろうとする地球の、そして私たちの様子そのものなのではないでしょうか。

きっと、本書で話されたことのどこかに真実を見出してくださったあなたは、間違いなく新生地球への変容のための「イマジナル細胞」になることを希望して、この三次元にあらわれた存在なのだと思います。けれど、「イマジナル細胞」になるためには、まず自分からそれを宣言しなければならないのです。

だけど……、とあなたは思われるかもしれませんね。見渡してみると世の中は混とんの中にあるし、地球の未来が明るいなんてとても思えない。何より私みたいなちっぽけな人間が「イマジナル細胞」だなんて……。

でも、ちょっとさなぎの中にいるいも虫でも蝶でもない「どろどろ」の気持ちを想像してみてください。真っ暗だし、さなぎの外の様子は分からない。自分は「どろどろ」で何者なのかも分からない。きっと、いまのあなたと同じ、不安でいっぱいだろうと思うのです。

空海さまが生きておられた頃は宇宙の真理を語るのは空海さまたったお一人でした。そして、数多くの智慧を言葉として表現してくださいましたが、後継者にも恵まれずに亡くなっていかれました。でも、1200年を経たいま、多くの方がそれぞれのアプローチで宇宙とつながり、新生地球の姿を語り、その姿にかなう生き方を選択され始めています。「イマジナル細胞」は確実に増えてきているのです。

逆風が強く感じられたり、不安が大きくなるのは、未知の世界へと羽ばたこうとしているからに他なりません。でも、一番暗い夜明け前は、暗いからこそ、開いた心の扉から、多くの仲間たちの一人ずつの輝きに気づくことができるのです。川田先生も私も、もちろんその中にいます。

ここまで、旅をご一緒くださったあなたとは、ぜひ新生地球への旅をご一緒に続けていきたいと思います。誰かに聞いてもらったり、認めてもらう必要なんて、どこにもありません。新生地球を楽しく生きていくという宣言は、あなたが、あなたの声で、あなた自身に伝えるだけで十分なのです。

決めるのは、あなたです。

宇宙の真理が変わっていくというこの一大イベントを、そしてキラキラ輝く地球の三次元の世界を、それぞれの魂の願いのとおりに愛をもってつながり、ご一緒にめいいっぱい楽しんでいけることを、心から楽しみにしています。

あとがきにかえて

本書は、山内尚子さんと私が何度かお会いして語り合った内容に、以前私が「知られざる空海」と題して大阪で二度にわたって講演させていただいた内容を加味して創られたものです。

「知られざる空海」のＤＶＤ（楽園ライフ社発行）を尚子さんが驚くほど丹念に聞かれて、これをもとに以前出版された『クリーニングの真実』『新生地球の歩き方』では表現しきれなかったことを一つの体系にまとめ上げてくださいました。

尚子さんは私の話してきたことを、対談形式を取りながら「超空海伝」という新形態で山内尚子の思想にまで昇華されるということを成し遂げられました。

一つの思想を創り上げ、それを言葉で表現するということは、決して生易しいことではありません。尚子さんがなぜ、またどのようにしてここまで大きく変容されたのか、以前の彼女を知る方々は驚かれることでしょう。

その理由は、二度に渡る死線を超えながら、空海や真名井御前のメッセージを私に頼ることなく自ら受け取り、自分の力で一つの思想にまで辿りついたからに他なりません。

私は彼女のお話をお聞きするうちに、彼女の変容の一部始終を魂の成長を目指す多くの方々にお伝えするべきだと考え、彼女にそれを強く勧めました。

表現するにあたっての彼女の葛藤は、想像を絶するものであったに違いありませんが、その結果、私の話を通じて、彼女の思想的到達点が見事なタッチで表現されることとなりました。この離れ技に、心からの拍手を送りたいと思います。

2017年4月吉日

川田　薫

■著者略歴■

川田　薫（かわだ かおる）

1934年生まれ。理学博士。東京理科大学物理学科卒。東京大学地震研究所、東京大学物性研究所を経て、三菱金属中央研究所に入社。並行して科学技術庁(現文部科学省)、通産省(現経産省)などの評価委員、研究員を歴任後、1988年独立、川田研究所を設立。さまざまなミネラルの作用を発見し、その成果を応用した生命の起源探求を行う。

著書『生命誕生の真実』ほか

山内尚子（やまうち なおこ）

1974年兵庫県生まれ。株式会社きれい・ねっと代表。様々なジャンルの本づくりのかたわら、多くのイベント・講演会などを企画して、「なおちゃん流ホ・オポノポノ」を伝えるとともに、「誰もが主人公となって、表現できる場所づくり」を提案。自らの体験をもとに語る言葉は、セラピーのように温かく心に響く。
著書　『やさしい魔法ホ・オポノポノ』
　　　『こころの宝物』
　　　http://kilei.net/

きれい・ねっと

あなたと
私と
この星と
きれいでつながる
よろこびの輪

超空海伝　宇宙の真理が変わるとき

2017年5月11日 初版発行

著　者　川田　薫　山内尚子
発行人　山内尚子
発　行　株式会社 きれい・ねっと
〒670-0904　兵庫県姫路市塩町91
TEL 079-285-2215 FAX 079-222-3866
http://kilei.net

発売元　株式会社 星雲社
〒112-0005　東京都文京区水道1-3-30
TEL 03-3868-3275 FAX 03-3868-6588

ISBN978-4-434-23369-2